政府和社会资本合作(PPP)项目
选择社会资本方招标文件
和资格预审文件示范文本

（污水处理项目）

中国招标投标协会　编著

中 国 计 划 出 版 社
北　京

图书在版编目（CIP）数据

政府和社会资本合作（PPP）项目选择社会资本方招标文件和资格预审文件示范文本. 污水处理项目 / 中国招标投标协会编著. -- 北京 : 中国计划出版社, 2021.1
ISBN 978-7-5182-1260-6

Ⅰ. ①政… Ⅱ. ①中… Ⅲ. ①政府投资－合作－社会资本－应用－污水处理－招标－范文－中国 Ⅳ. ①F832.48②F124.7③X703

中国版本图书馆CIP数据核字(2020)第263070号

政府和社会资本合作（PPP）项目
选择社会资本方招标文件和资格预审文件示范文本
（污水处理项目）
ZHENGFU HE SHEHUI ZIBEN HEZUO（PPP）XIANGMU XUANZE
SHEHUI ZIBENFANG ZHAOBIAO WENJIAN HE ZIGE YUSHEN WENJIAN
SHIFAN WENBEN（WUSHUI CHULI XIANGMU）
中国招标投标协会　编著

中国计划出版社出版发行
网址：www. jhpress. com
地址：北京市西城区木樨地北里甲 11 号国宏大厦 C 座 3 层
邮政编码：100038　电话：（010）63906433（发行部）
北京市科星印刷有限责任公司印刷

880mm × 1230mm　1/16　15 印张　306 千字
2021 年 1 月第 1 版　2021 年 1 月第 1 次印刷

ISBN 978-7-5182-1260-6
定价：75.00 元

编审委员会

主　　　任： 任　珑

副　主　任： 贾建华　袁炳玉　金永祥

编写组人员：

组　　　长： 宋雅琴

副　组　长： 徐志刚

编 写 人 员： 宋雅琴　蔡建升　徐志刚　毕志清　张笑戬
常庆海　姜卫东　马　莉　李世超　韦　杨
刘　冰　侯　明　沈宏源　李巧亚　胡永胜
崔红永　李长军　奇　峰　李欣欣　董晓虹
陈金珍

审 核 专 家： 石国虎　王　胜　傅庆阳　冯向鹏　唐晓红
史　俊　李　爽

目　　次

政府和社会资本合作（PPP）项目
选择社会资本方招标文件示范文本

（污水处理项目）

使用说明

一、为规范政府和社会资本合作（Public - Private Partnership，以下均简称 PPP）污水处理项目社会资本方招标文件编制工作，中国招标投标协会组织北京大岳咨询有限责任公司和国内专家编写《政府和社会资本合作（PPP）项目选择社会资本方招标文件示范文本（污水处理项目）》（以下简称《污水处理 PPP 项目招标文件示范文本》）。

二、《污水处理 PPP 项目招标文件示范文本》的编制依据主要是《中华人民共和国招标投标法》《中华人民共和国政府采购法》以及相关法律法规和规范性文件。《污水处理 PPP 项目招标文件示范文本》中对政府采购法律法规体系与招标投标法律法规体系不同的地方进行了单独标注，如无特别说明，则以招标投标法律法规体系的相关规定为准。招标人可根据项目实际需要选择使用。

三、《污水处理 PPP 项目招标文件示范文本》以采用 BOT（建设—运营—移交）运作方式编写，可直接适用于通过公开招标方式选择社会资本方的政府和社会资本合作（PPP）污水处理项目。采用其他项目运作方式的，也可参照使用。

四、招标人编制招标文件时，可根据招标项目的具体特点和实际需要，对《污水处理 PPP 招标文件示范文本》的相关条款进行修改、补充或细化，但修改、补充或细化的内容，不得违反法律、行政法规的强制性规定和平等、自愿、公平、诚实信用原则。

五、《污水处理 PPP 项目招标文件示范文本》用相同序号标示的章、节、条、款、项、目，供招标人选择使用；以空格标示的部分，招标人可根据招标项目具体特点和实际需要进行填写，确实没有需要填写的，在空格中以“/”标示。

六、招标人应将实际发布的招标公告或投标邀请书编入出售的招标文件中，作为招标文件的组成部分。

七、《污水处理 PPP 项目招标文件示范文本》第四章“评标办法”采用综合评分法，所列示的评审标准和分值构成仅供参考，招标人可根据招标项目具体特点和实际需要，按照法律法规的规定自行调整使用。但前附表应列明全部评审因素和评审标准，并在前附表及正文标明投标人不满足要求即导致投标被否决的全部条款。

八、招标人应与中标人按照招标文件规定签订投资协议，项目公司成立后，招标人应与项目公司按照招标文件和投资协议规定签订 PPP 项目合同。

九、《污水处理 PPP 招标文件示范文本》第六章“PPP 项目合同”参照中国招标投标协会发布的《政府和社会资本合作（PPP）项目合作协议示范文本（试行）》，结合污水处理项目的实际特点编制。合同文本分为合同协议书、通用条款和专用条款三部分。合同协议书是使合同生效的文件，通用条款和专用条款共同组成管理各方权利和义务的合同条件，对每个具体的项目合同，都需要编制其专用条款，并考虑通用条款中引用的专用条款内容。

通用条款可以被认为适用于大多数污水处理 PPP 项目，但其中的任何约定都不代表中国招标投标协会对此类问题的“规定”或“要求”。在特定的项目或特别情形下，通用条款中某些约定可能是不适用的，招标人应根据实际需要对通用条款进行补充、修改，或作出另行约定，但应纳入专用条款，而不是对通用条款进行直接修改。

十、采用电子招标投标的，招标人应按照国家有关规定，结合项目具体情况和交易平台操作特点，在招标文件中载明潜在投标人访问电子招标投标交易平台的网址和方法，并相应修改、补充、完善相关条款。

十一、各使用单位或个人在使用过程中存在问题和建议，可向中国招标投标协会（联系地址：北京市西城区月坛南街 59 号新华大厦 10 层，邮箱：bangongshi@ ctba. org. cn）及时反馈，以便修订时补充和完善。

目　　录

__________省（自治区、直辖市）

__________（PPP项目名称）选择社会资本方招标

招标文件

招　　标　　人：__________________（盖单位章）

招标代理机构：__________________（盖单位章）

__________年__________月__________日

第一章　招标公告/投标邀请书

（适用于已进行资格预审）

________（PPP 项目名称）选择社会资本方招标公告/投标邀请书

（适用于已经进行资格预审的情形）

1 招标条件

本招标项目________（PPP 项目名称）已由________（政府机关名称）以________（批准文号）批准采用政府和社会资本合作（PPP）模式实施。招标人是________，现委托________（招标代理机构）对该 PPP 项目社会资本方进行公开招标。

2 项目概况

简要概述项目名称、性质、建设地点、建设内容与规模、项目投资估算、处理工艺、关键设备、进出水水质，以及污染物排放标准等①。

3 招标范围

本次招标范围为选择________（PPP 项目名称）的社会资本方。

4 合作内容

4.1 运作方式

本项目采取建设—运营—移交（Build-Operate-Transfer，BOT）的方式运作。中标后，社会资本方须按批准的项目实施方案和招标文件的规定依法成立项目公司，由项目公司负责本项目的投融资、建设、运营维护，合作期满后将项目资产及相关权利等无偿移交给政府或其指定机构【招标人应根据实际情况调整】。

4.2 合作范围

合作期内，项目公司应按照 PPP 合同约定负责本项目合作范围内的新建项目设施的设计、投融资、建设、运营维护和移交工作。

本项目新建污水处理厂：________________。

① 内容应与经批准的可行性研究报告或核准文件或备案信息，以及实施方案内容保持一致。

4.3　合作期限：______年（含______年建设期和______年运营期）。

4.4　回报机制

合作期内，项目公司提供污水处理服务，通过收取污水处理服务费收回投资及成本，并获得合理回报。合作期满后，项目公司将污水厂全部设施及相关的技术资料、合同等完好、无偿移交给政府或其指定机构，同时，政府无偿收回项目土地使用权。

污水处理服务费以单价和水量（基本水量按开始商业运营日后的第 1 年为______万立方米/日，第 2 年为______万立方米/日，第 3 年为______万立方米/日，第 4 年至合作期结束为______万立方米/日进行设置）为基础计算。

4.5　项目投融资结构

本项目总投资______万元，项目资本金应不低于总投资的______%（共计______万元），其余部分可通过债务资金解决。

5　投标人资格要求

5.1　满足本项目资格预审文件要求，且通过资格预审的投标人。

5.2　本次招标____不接受/接受[①]未参加资格预审的投标人参与本次公开招标活动。

6　招标文件的获取

6.1　凡有意参加投标者，请于______年____月____日至______年____月____日[②]（法定公休日、法定节假日除外），每日上午____时至____时，下午____时至____时（北京时间，下同），在____________（详细地址）购买招标文件。

6.2　招标文件每套售价______元，售后不退。

7　投标文件的递交

7.1　投标文件递交的截止时间[③]（投标截止时间，下同）为______年____月____日____时____分，地点为______________________________。

7.2　逾期送达的或者未送达指定地点的或者不按照招标文件要求密封的投标文件，招标人将拒收。

8　发布公告的媒体

本次招标公告已在中国招标投标公共服务平台上发布，同时在________（发布公

---

① 如接受未参加资格预审的投标人参加本次公开招标活动，需补充投标人具体资格要求，并保持与资格预审时一致。

② 招标文件的发售期不得少于 5 日；适用政府采购法时，招标文件的发售期限自开始之日起不得少于 5 个工作日。

③ 自招标文件开始发出之日起至投标人提交投标文件截止之日止，最短不得少于 20 日。

告的其他媒介名称)[①] 上发布。

9 联系方式

招标人：_______________	招标代理机构：_______________
地址：_______________	地址：_______________
邮政编码：_______________	邮政编码：_______________
联系人：_______________	联系人：_______________
电话：_______________	电话：_______________
传真：_______________	传真：_______________
电子邮箱：_______________	电子邮箱：_______________

_____年_____月_____日

① 适用政府采购法时，招标公告应在省级以上人民政府财政部门指定的媒体上发布。

第一章　招标公告

（适用于未进行资格预审）

________（PPP项目名称）选择社会资本方招标公告

（适用于未进行资格预审的情形）

________（被邀请单位名称）：

1 招标条件

本招标项目________（PPP项目名称）已由________（政府机关名称）以________（批准文号）批准采用政府和社会资本合作（PPP）模式实施。招标人是经________（项目实施机构），现委托________（招标代理机构）对该项目社会资本方进行公开招标。

现将有关事宜进行公告，特邀请有兴趣的潜在投标人（以下简称投标人）参加投标。

2 项目概况

简述项目背景、建设地点、建设内容与规模、项目投资估算、污水处理工艺、关键设备、进出水水质，以及污染物排放标准等①。

3 招标范围

本次招标范围为________________________________。

4 合作内容

4.1 运作方式

本项目采取建设—运营—移交（Build-Operate-Transfer，BOT）的方式运作。中标后，社会资本方须按批准的项目实施方案和招标文件的规定依法成立项目公司，由项目公司负责本项目的投融资、建设、运营维护，并合作期满后将项目设施无偿移交给政府或其指定机构【招标人应根据实际情况调整】。

① 内容应与经批准的可行性研究报告或核准文件或备案信息以及实施方案内容保持一致。

4.2　合作范围

合作期内，项目公司应按照PPP合同约定负责本项目合作范围内的新建项目设施的设计、投融资、建设、运营维护和移交工作。

本项目新建污水处理厂：＿＿＿＿＿＿＿＿＿＿＿＿＿＿＿＿＿＿＿＿＿＿＿＿＿＿＿＿＿＿。

4.3 合作期限：＿＿＿年（含＿＿＿年建设期和＿＿＿年运营期）。

4.4　回报机制

合作期内，项目公司提供污水处理服务，通过收取污水处理服务费收回投资及成本，并获得合理回报，合作期满后，项目公司将污水厂全部设施及相关的技术资料、合同等完好、无偿移交给政府或其指定机构，同时，政府无偿收回项目土地使用权。

污水处理服务费以单价和水量（基本水量按开始商业运营日后的第1年为＿＿＿万立方米/日，第2年为＿＿＿万立方米/日，第3年为＿＿＿万立方米/日，第4年至合作期结束为＿＿＿万立方米/日进行设置）为基础计算。

4.5　项目投融资结构

本项目总投资＿＿＿万元，项目资本金应不低于总投资的＿＿＿%（共计＿＿＿万元），其余部分可通过债务资金解决。

5　投标人资格要求

5.1　基本要求

（1）在中国（含港、澳、台）依法注册的企业法人或其他组织，且合法存续，没有处于被吊销营业执照、责令关闭或者被撤销等不良状态。

（2）具有健全的财务会计制度，最近连续＿＿＿年（＿＿＿—＿＿＿年度）每年经营状况均为盈利（以具有法定资格的第三方审计机构出具的财务报告为准），没有处于主要财产被接管、查封、冻结等严重影响合同履行或者承担项目能力的状态。

（3）有依法缴纳税收和社会保障资金的良好记录。

5.2　投融资能力要求

投标人应具有履行合同所必需的投融资实力，具有不低于人民币＿＿＿亿元的投资能力和不低于人民币＿＿＿亿元的融资能力，并提供相关证明文件（如银行出具的存款证明文件、母公司支持文件、银行出具的处于有效期内的可用授信额度证明或处于有效期内的银行授信协议、贷款意向书等【视实际需要而定】）。

5.3　业绩要求

投标人应具有投资和运营污水处理厂所必需的专业技术能力，近＿＿＿年，在国内具有至少＿＿＿个单厂污水日处理规模≥＿＿＿万立方米的污水处理特许经营或PPP项目业绩。

5.4　信用要求

商业信誉良好，参加本次投标活动的前三年内，在经营活动中无重大违法记录。未被“信用中国”网站（http：//www. creditchina. gov. cn）列为失信被执行人和重大税收违法案件当事人名单，未被列入“国家企业信用信息公示系统”（http：//www. gsxt. gov. cn）严重违法失信名单，也未被省级及以上行业主管部门或其他行政监督部门取消招标项目所在地的投标资格且处于有效期内。

5.5　资质要求①

A. 招标完成后，项目公司应根据适用法律法规委托具有相应资质的设计单位、施工单位完成工程设计和建设。

B. 申请人（或联合体中承担设计任务的一方）须具备市政行业（排水工程专业）______级工程设计资质或工程设计综合______级资质；申请人（或联合体中承担施工任务的一方）须具备市政公用工程施工总承包______级或以上资质。

5.6　联合体资格要求②

A. 本次投标不接受联合体投标________________________________。

B. 本次投标接受联合体投标。联合体投标的，还应满足下列要求【视实际情况而定】：

（1）联合体成员不得超过______家；

（2）联合体牵头人应为联合体内部出资比例最大的一方，且出资比例不应低于______%。

（3）其他：________________________________（如有）。

5.7　与招标人存在利害关系可能影响招标公正性的单位，不得投标。单位负责人为同一人或存在控股、管理关系的不同单位，不得同时参加本项目投标。否则相关投标均无效。

5.8　其他要求：________________________________（如有）。

6　招标文件的获取

6.1　凡有意参加投标者，请于______年______月______日至______年______月______日③（法定公休日、法定节假日除外），每日上午____时至____时，下午____时至____时（北京时间，下同），持有效营业执照复印件、法定代表人身份证明或经办人的身份证明和授权委托书，在______________（详细地址）购买招标文件。

① 招标人应根据项目需要选择适用 A 款或 B 款。

② 根据实际情况，招标人应视是否接受联合体投标选择适用 A 款或 B 款。

③ 招标文件的发售期不得少于 5 日；适用政府采购法时，招标文件的发售期限自开始之日起不得少于 5 个工作日。

6.2　招标文件每套售价______元，售后不退。

邮购资格预审文件的，需另加手续费（含邮费）______元。招标人在收到上述材料和邮购款（含手续费）后______日内寄送。

7　投标文件的递交

7.1　投标文件递交的截止时间①（投标截止时间，下同）为______年____月____日____时____分，地点为______________________________。

7.2　逾期送达的或者未送达指定地点的或者不按照招标文件要求密封的投标文件，招标人将拒收。

8　发布公告的媒体

本次招标公告已在中国招标投标公共服务平台上发布，同时在____________________（发布公告的其他媒介名称）② 上发布。

9　联系方式

招 标 人：______________________	招标代理机构：____________________
地　　址：______________________	地　　　　址：____________________
邮政编码：______________________	邮 政 编 码：____________________
联 系 人：______________________	联　系　人：____________________
电　　话：______________________	电　　　　话：____________________
传　　真：______________________	传　　　　真：____________________
电子邮箱：______________________	电 子 邮 箱：____________________

______年______月______日

---

① 自招标文件开始发出之日起至投标人提交投标文件截止之日止，最短不得少于20日。

② 适用政府采购法时，招标公告应在省级以上人民政府财政部门指定的媒体上发布。

第二章　投标人须知

投标人须知前附表①

条款号	条款名称	编 列 内 容
1.1.2	招标人	名　　称： 地　　址： 联 系 人： 电　　话： 传　　真： 电子邮箱：
1.1.3	招标代理机构	名　　称： 地　　址： 联 系 人： 电　　话： 传　　真： 电子邮箱：
1.1.4	项目名称	
1.1.5	建设地点	
1.1.6	项目建设规模	
1.2.1	项目总投资	
1.2.2	项目资本金②	项目资本金应不低于项目总投资的______%
1.2.3	资金来源	
1.3.1	招标范围	本次招标范围为选择______________（PPP 项目名称）的社会资本方

---

① 投标人须知前附表用于进一步明确正文中的未尽事宜，由招标人根据招标项目具体特点和实际需要编制和填写，但务必做到与招标文件中其他章节的衔接，与本章正文内容不一致的，以本章正文内容为准。

② 项目资本金必须满足国务院规定的最低比例要求。

续表

条款号	条款名称	编列内容
1.3.2	运作方式	本项目采取建设—运营—移交（BOT）的方式运作，由项目公司承担项目的融资、建设、运营和维护，合作期满后将项目资产及相关权利等无偿移交给政府或其指定机构【视实际情况需要选择合适的运作方式】
1.3.3	项目合作期	______年（含建设期______年）
1.3.4	绩效目标	
1.4.1	投标人资格要求①	
1.4.2	联合体	□不接受 □接受，应满足下列要求： （1）联合体所有成员数量不得超过______家； （2）联合体牵头人在联合体内部出资比例应不低于______%； （3）联合体各方不得再以自己的名义单独在本项目中投标，也不得组成新的联合体参加本项目投标。 ……
1.4.3	投标人不得存在的其他情形	
1.8.1	现场考察	□不组织 □组织，考察时间：______________ 考察集合地点：______________
1.9.1	投标预备会	□不召开 □召开，召开时间：______________ 召开地点：______________
1.10.1	实质性要求和条件	见第三章“项目概况及边界条件”
2.2.1	投标人要求澄清招标文件	时间：______年____月____日____时____分

① 本项适用于未进行资格预审的情况，或招标公告中载明接受未参加资格预审的投标人参加本次公开招标活动的情形。

续表

条款号	条款名称	编 列 内 容
2.2.2	招标文件澄清发出的形式	
2.2.3	投标人确认收到招标文件澄清	时间：收到澄清后____小时内（以发出时间为准）
2.3.1	招标文件修改发出的形式	
2.3.2	投标人确认收到招标文件修改的时间	时间：收到修改文件后____小时内（以发出时间为准）
3.1.1	构成投标文件的其他资料	
3.2.2	最高投标限价	□无 □有，最高投标限价：______
3.2.3	投标报价的其他要求	
3.3.1	投标有效期	自递交投标文件截止之日起计算____日
3.4.1	投标保证金	是否要求投标人递交投标保证金： □要求，投标保证金的金额：______元 投标保证金的形式：______① □不要求
3.4.2	投标保证金账户信息	若采用银行汇票、电汇、转账支票递交投标保证金，应当在提交投标文件截止时间前到达下列招标人指定账户： 账户名称：____________________ 开 户 行：____________________ 账　　号：____________________ 若采用现金、保证担保（包括银行保函）、信用证递交投标保证金，投标人应当在提交投标文件截止时间前递交至：______（具体时间、地点、要求）

① 招标人不得强制限定投标保证金必须采用现金或支票方式缴纳，不得拒绝银行保函形式的投标保证金。

续表

条款号	条款名称	编 列 内 容
3.4.4	投标保证金不得存在的其他情形	
3.4.7	其他可以不予退还投标保证金的情形	
3.6.6	投标文件副本份数及其他要求	投标文件副本份数：__________ 是否要求提交电子版文件：______ 其他要求：________________
3.6.7	装订的其他要求	
4.1.2	封套上应载明的信息	招标人名称：______________ 招标人地址：______________ __________（PPP 项目名称）选择社会资本方招标投标文件 招标项目编号： 在____年___月___日___时___分前不得开启
4.2.1	投标截止时间	
4.2.2	递交投标文件地点	
4.2.3	投标文件是否退还	□否 □是，退还时间：
5.1	开标时间和地点	开标时间：________________（同投标截止时间） 开标地点：________________（同递交投标文件地点）
5.2	开标程序	开标顺序：___________
6.1.1	评标委员会的组建①	评标委员会构成：___人，其中招标人代表___人，专家___人； 评标专家确定方式：___________

① 对于政府采购项目，采购预算金额在1000万元以上或技术复杂或社会影响大的项目，评标委员会成员人数应当为7人以上单数。

续表

条款号	条款名称	编 列 内 容
6. 3	评标办法	综合评分法
7. 1	中标候选人公示	公示媒介：_________________ 公示期限：____日 公示的其他内容：___________
7. 7	中标结果公告	公示媒介：________
7. 8. 1	履约保证金	是否要求中标人提交履约保证金： □要求，履约保证金的形式：_____① 履约保证金的金额：_____② □不要求
7. 9. 1	签订投资协议时间	中标通知书签发后____日内
7. 10. 1	组建项目公司期限	投资协议签订之日起____日内
7. 11. 1	签订 PPP 项目合同时间	项目公司成立之日起____日内
9. 5. 1	监督部门	监督部门：___________ 地　　址：___________ 电　　话：___________ 传　　真：___________ 邮政编码：___________ 电子邮箱：___________
10	其他规定	需要补充的其他内容
…	……	……

① 履约保证金的形式通常为中标人出具的银行汇票、支票、现钞等，以及由银行或第三方担保机构出具的履约担保函。招标人应当给中标人留有选择履约保证金形式的余地。

② 履约保证金不得超过中标合同金额的 10%。

1　总则

1.1　项目概况

1.1.1　根据有关法律、法规和规章的规定，本项目已具备招标条件，现对本项目社会资本方进行招标。

1.1.2　招标人：见投标人须知前附表。

1.1.3　招标代理机构：见投标人须知前附表。

1.1.4　项目名称：见投标人须知前附表。

1.1.5　项目建设地点：见投标人须知前附表。

1.1.6　项目建设规模：见投标人须知前附表。

1.2　项目总投资、资本金比例和资金来源

1.2.1　项目总投资：见投标人须知前附表。

1.2.2　项目资本金：见投标人须知前附表。

1.2.3　资金来源：见投标人须知前附表。

1.3　招标范围、运作方式、项目合作期和绩效目标

1.3.1　招标范围：见投标人须知前附表。

1.3.2　运作方式：见投标人须知前附表。

1.3.3　项目合作期：见投标人须知前附表。

1.3.4　绩效目标：见投标人须知前附表。

1.4　投标人资格要求（适用于已进行资格预审的）

满足本项目资格预审文件要求，且通过资格预审的投标人。

1.4　投标人资格要求（适用于未进行资格预审的）

1.4.1　投标人应具备承担本项目资格、能力和信誉：见投标人须知前附表。

1.4.2　投标人须知前附表规定接受联合体投标的，联合体除应符合本章第1.4.1项和投标人须知前附表的要求外，还应遵守以下规定：

（1）联合体各方均应参股项目公司，联合体牵头人须是联合体内部出资比例最大的一方，并具备运营管理能力及业绩，牵头人法定代表人或其授权的授权代表负责签署本次投标相关资料。联合体牵头人应体现融资、建设、运营优势。

（2）联合体各方均应分别按照本文件的要求，填写文件中的相应表格，并由联合体牵头人对联合体各成员的资料进行统一汇总后一并提交给招标人；联合体牵头人所提交的投标文件应认为已代表了联合体各成员的意思和真实情况。

（3）中标后，未经招标人书面同意，联合体的组成结构或职责及出资比例均不得变动。

1.4.3　投标人不得存在下列情形之一：

（1）为招标人不具有独立法人资格的附属机构（单位）；

（2）与招标人存在利害关系且可能影响招标公正性；

（3）与本招标项目的其他投标人为同一个单位负责人；

（4）与本招标项目的其他投标人存在控股、管理关系；

（5）为本招标项目的招标代理机构；

（6）与本招标项目的招标代理机构同为一个法定代表人；

（7）法律法规或投标人须知前附表规定的其他情形。

1.5　费用承担

投标人准备和参加投标活动发生的所有费用自理。

1.6　保密

参与招标投标活动的各方应对招标文件和投标文件中的商业和技术等秘密保密，否则应承担相应的法律责任。

1.7　语言文字

招标投标文件使用的语言文字为中文。专用术语使用外文的，应附有中文注释。

1.8　现场考察

1.8.1　投标人须知前附表规定组织现场考察的，招标人按规定的时间、地点组织投标人考察项目现场。部分投标人未按时参加现场考察的，不影响现场考察的正常进行，但招标人不得单独或者分别组织投标人考察项目现场。

1.8.2　投标人考察现场发生的费用自理。

1.8.3　除招标人的原因外，投标人自行负责在考察现场中所发生的人员伤亡和财产损失。

1.8.4　招标人在考察现场中介绍的项目场地和相关的周边环境情况，供投标人在编制投标文件时参考，招标人不对投标人据此作出的判断和决策负责。

1.9　投标预备会

1.9.1　投标人须知前附表规定召开投标预备会的，招标人按规定的时间和地点召开投标预备会，澄清投标人提出的问题，但不得单独或者分别组织投标人参加投标预备会。

1.9.2　投标人应按投标人须知前附表规定的时间和形式将提出的问题送达招标人，以便招标人在会议期间澄清。

1.9.3　投标预备会后，招标人将对投标人所提问题的澄清，以本章第2.2款规定的形式通知所有购买招标文件的投标人。该澄清内容为招标文件的组成部分。

1.10　响应和偏差

1.10.1　投标文件应对招标文件的实质性要求和条件作出满足性或更有利于招标人的响应。否则，视为投标文件存在重大偏差，投标人的投标将被否决。实质性要求和条件见投标人须知前附表。

1.10.2　投标文件存在第四章“评标办法”中所列任一否决投标情形的，均属于存在重大偏差。

2 招标文件

2.1 招标文件的组成

本招标文件包括：

（1）招标公告（或投标邀请书）；

（2）投标人须知；

（3）项目概况及边界条件；

（4）评标办法；

（5）投资协议；

（6）PPP 项目合同；

（7）投标文件格式；

（8）招标文件附件。

根据本章第 2.2 款和第 2.3 款对招标文件所作的澄清、修改，构成招标文件的组成部分。

当招标文件、招标文件的澄清或修改等在同一内容的表述上不一致时，以最后发出的书面文件为准。

2.2 招标文件的澄清

2.2.1 投标人应仔细阅读和检查招标文件的全部内容。如发现缺页或附件不全，应及时向招标人提出，以便补齐。如有疑问，应按投标人须知前附表规定的时间以书面形式将提出的问题送达招标人，要求招标人对招标文件予以澄清。

2.2.2 招标文件的澄清以投标人须知前附表规定的形式发给所有购买招标文件的投标人，但不指明澄清问题的来源。澄清发出的时间距投标截止时间不足 15 日，且澄清内容可能影响投标文件编制的，将相应延长投标截止时间。

2.2.3 投标人在收到澄清后，应按投标人须知前附表规定的时间以书面形式通知招标人，确认已收到该澄清。

2.3 招标文件的修改

2.3.1 招标人可以书面形式修改招标文件，并通知所有购买招标文件的投标人。修改招标文件的时间距投标截止时间不足 15 日，且修改内容可能影响投标文件编制的，将相应延长投标截止时间。

2.3.2 投标人收到修改文件后，应按投标人须知前附表规定的时间和形式通知招标人，确认已收到该修改。

2.4 对招标文件的异议

投标人或者其他利害关系人对招标文件有异议的，应当在投标截止时间 10 日前以书面形式提出。招标人应自收到异议之日起 3 日内作出答复；作出答复前，将暂停招标投标活动。

3　投标文件

3.1　投标文件的组成

3.1.1　投标文件应包括下列内容：

（1）投标函及投标函附录（如有）；

（2）法定代表人身份证明或授权委托书；

（3）联合体协议书（如有）；

（4）投标保证金（如有）；

（5）投标文件资格审查资料（如有）；

（6）项目实施计划；

（7）投标人须知前附表规定的其他资料。

3.1.2　投标人须知前附表规定不接受联合体投标的，或投标人没有组成联合体的，投标文件不包括本章第3.1.1（3）目所指的联合体协议书。

3.1.3　投标人须知前附表未要求提交投标保证金的，投标文件不包括本章第3.1.1项（4）目所指的投标保证金。

3.1.4　投标人资质证书（或资格证明）处于年检、换证、升级、变更等期间，除非法律法规或发证机构有书面材料明确表明投标人资质（或资格）有效，否则一律不予认可。

3.2　投标报价

3.2.1　本项目不承诺保底收益。投标人应充分调查和了解该项目的总体情况，并应自行调查当地实际情况，自行测算各项成本和收益。在投标报价时充分考虑项目合作期内其所承担的各种风险。

3.2.2　投标人须知前附表规定本项目设有最高投标限价的，投标人的投标报价不得超过最高投标限价。

3.2.3　投标报价的其他要求见投标人须知前附表。

3.3　投标有效期

3.3.1　在投标人须知前附表规定的投标有效期内，投标人不得要求撤销或修改其投标文件。

3.3.2　出现特殊情况需要延长投标有效期的，招标人以书面形式通知所有投标人延长投标有效期。投标人应予以书面答复，同意延长的，应相应延长其投标保证金的有效期，但不得要求或被允许修改其投标文件；投标人拒绝延长的，其投标失效，但投标人有权收回其投标保证金及以现金或支票形式递交的投标保证金的银行同期活期存款利息。

3.4　投标保证金

3.4.1　投标人须知前附表规定投标人在递交投标文件的同时，应按投标人须知前附表规定的金额、形式递交保证金，如采用保证担保（包括银行保函）形式则应同时符合第七章“投标文件格式”的相关规定，并作为其投标文件的组成部分。联合体投标的，其投标保证金由牵头人递交，并应符合投标人须知前附表的规定。

3.4.2　境内投标人以现金或者支票形式提交的投标保证金，应当从其基本账户一次性转入招标人指定账户。招标人指定账户信息见投标人须知前附表。

3.4.3　投标人不按本章第3.4.1项、第3.4.2项要求提交投标保证金的，评标委员会将否决其投标。

3.4.4　投标人提交投标保证金不得存在以下情形之一：

（1）以现金或者支票形式提交的投标保证金不是从投标人基本账户转出的；

（2）以保证担保（包括银行保函）形式出具投标保证金的，担保机构不是合法的担保机构，或实质性条款不符合招标文件规定的；

（3）除保证担保（包括银行保函）形式外，投标保证金出具人与被保证的投标人名称不一致的；

（4）其他情形：见投标人须知前附表。

3.4.5　投标保证金有效期应当与投标有效期一致。

3.4.6　招标人最迟将在中标通知书发出后5日内向中标候选人以外的其他投标人退还投标保证金，与中标人签订投资协议后5日内向中标人和其他中标候选人退还投标保证金。投标保证金以现金或支票形式递交的，招标人应同时退还投标保证金的银行同期活期存款利息，且退还至投标人的基本账户。

3.4.7　有下列情形之一的，投标保证金将不予退还：

（1）投标人在规定的投标有效期内撤销或修改其投标文件；

（2）中标人在收到中标通知书后，无正当理由拒签投资协议，或未按招标文件要求提交履约担保；

（3）投标人须知前附表规定的其他可以不予退还投标保证金的情形。

3.5　资格审查资料（适用于已进行资格预审的）

3.5.1　投标人在递交投标文件前，发生可能影响其投标资格的新情况的，应在投标文件中更新或补充其在申请资格预审时提供的资料，以证实其各项资格条件仍能继续满足资格预审文件的要求，且没有实质性降低。

3.5.2　如果投标人在投标阶段发生合并、分立、破产等重大变化，或由于其他任何情况，导致投标人不再具备资格预审文件规定的各项资格条件或其投标影响招标公正性时，投标人必须在其投标文件中对上述情况进行如实说明，否则，招标人一经查实，将视为投标人弄虚作假，其投标将被否决。

3.5.3　招标人有权核查投标人在资格预审申请文件和投标文件中提供的资料，若在评标期间发现投标人提供了虚假资料，其投标将被否决；若在签订投资协议前发现作为中标候选人的投标人提供了虚假资料，招标人有权取消其中标资格；若在签署投资协议后发现投标人提供了虚假资料，招标人有权按照投资协议约定从中标人提交的履约保证金中扣除相应的违约金。

3.5　资格审查资料（适用于未进行资格预审的）

3.5.1　投标人须按招标文件第七章“投标文件格式”中规定的表格内容填写投标文件附表，并按各投标文件附表的具体要求提供相关资料，以证明其满足本章第1.4款规定的资格、投融资能力和信用等要求。

3.5.2　投标人须知前附表规定接受联合体投标的，本章第3.5.1项规定的表格和资料应包括联合体各方相关情况。

3.6　投标文件的编制

3.6.1　投标文件应按第七章“投标文件格式”进行编写，如有必要，可以增加附页，作为投标文件的组成部分。

3.6.2　投标文件应当对招标文件第三章“项目概况及边界条件”规定的实质性内容作出响应。

3.6.3　投标文件应用不褪色的材料书写或打印。投标文件格式中明确要求投标人法定代表人或其委托代理人签字之处，必须由相关人员签字；明确要求投标人加盖单位章之处，必须加盖单位章。其中，投标函及对投标文件的澄清和说明应加盖投标人单位章，或由投标人的法定代表人或其委托代理人签字。

如果投标文件由委托代理人签署，则投标人须提交授权委托书，授权委托书应按第七章“投标文件格式”的要求出具，并由法定代表人和其授权的委托代理人签字。

如果由投标人的法定代表人亲自签署投标文件，则投标人须提交法定代表人身份证明，身份证明应符合第七章“投标文件格式”的要求。

以联合体形式参与投标的，投标文件由联合体牵头人的法定代表人或其委托代理人按上述规定签署并加盖联合体牵头人单位章。法定代表人授权委托书或法定代表人身份证明须由联合体牵头人按上述规定出具。

投标文件应尽量避免涂改、行间插字或删除。如果出现上述情况，改动之处应由投标人的法定代表人或其授权的代理人签字或盖单位章。

3.6.4　投标文件正本一份，副本份数见投标人须知前附表，副本为正本的复印件。正本和副本的封面右上角应清楚地标记“正本”或“副本”字样。投标人应根据投标人须知前附表要求提供电子版文件。当副本和正本不一致或电子版文件和纸质正本文件不一致时，以纸质正本文件为准。

3.6.5　投标文件的正本与副本应分别装订成册，编制目录，并逐页标注连续页码。投标文件不得采用活页夹装订，否则，招标人对由于投标文件装订松散而造成的丢失或其他后果不承担任何责任。装订的其他要求见投标人须知前附表。

4 投标

4.1 投标文件的密封和标识

4.1.1 投标文件的正本、副本和电子文本（如需要）应分别密封包装，并在封套的封口处加盖投标人单位章或由投标人的法定代表人或其授权代理人签字。采用银行保函形式提交投标保证金的，银行保函原件应密封在单独的封套中。

4.1.2 投标文件封套上应写明的内容见投标人须知前附表。

4.1.3 未按本章第4.1.1项要求密封的投标文件，招标人将拒收。

4.2 投标文件的递交

4.2.1 投标人应在投标人须知前附表规定的投标截止时间前递交投标文件。

4.2.2 投标人递交投标文件的地点：见投标人须知前附表。

4.2.3 投标人所递交的投标文件是否退还见投标人须知前附表。

4.2.4 招标人收到投标文件后，向投标人出具签收凭证。

4.2.5 投标人或其投标文件存在下列情形之一的，招标人对其投标文件不予受理：

（1）逾期送达的投标文件；

（2）未按本章第4.1款要求密封和标识的投标文件；

（3）投标人未取得招标人发出的投标邀请书，或已取得投标邀请书但未在规定时间内表示是否参加或明确表示不参加投标（适用于已进行资格预审的）；

（4）投标人未按照招标公告规定的期限和方式获取招标文件（适用于未进行资格预审的）；

（5）其他情形见投标人须知前附表。

4.3 投标文件的修改与撤回

4.3.1 在本章第4.2.1项规定的投标截止时间前，投标人可以修改或撤回已递交的投标文件，但应以书面形式通知招标人。

4.3.2 投标人修改或撤回已递交投标文件的书面通知应按照本章第3.6款的要求签字或盖章。招标人收到书面通知后，向投标人出具签收凭证。

4.3.3 投标人撤回投标文件的，招标人自收到投标人书面撤回通知之日起5日内退还已收取的投标保证金。

4.3.4 修改的内容为投标文件的组成部分。修改的投标文件应按照本章第3条、第4条的规定进行编制、密封、标记和递交，并标明“修改”字样。

5 开标

5.1 开标时间和地点

5.1.1 招标人在投标人须知前附表规定的时间和地点公开开标，并邀请所有投标人的法定代表人或其授权委托代理人准时参加。

5.1.2　投标人法定代表或其授权委托代理人应按时参加开标会，并向招标人提交法定代表人身份证明文件或法定代表人授权委托书，出示个人有效身份证明文件原件及复印件。

5.1.3　投标人法定代表或其授权委托代理人未按本章第5.1.1项规定按时参加开标会或提交和出示相关证明文件的，视为认可开标结果，由招标人核实确认并如实记入开标会记录。

5.2　开标程序

主持人按下列程序进行开标：

（1）宣布开标纪律；

（2）公布在投标截止时间前递交投标文件的投标人数量；

（3）宣布开标人、唱标人、记录人等有关人员姓名；

（4）按照投标人须知前附表规定由投标人推选的代表检查投标文件的密封情况；

（5）按照投标人须知前附表规定的开标顺序当众开标，公布投标人名称、投标保证金的递交情况、投标报价等内容，并记录在案；

（6）投标人代表、招标人代表、记录人等有关人员在开标记录上签字确认；

（7）开标结束。

5.3　开标异议

投标人对投标文件提交、截标时间、开标程序、投标文件密封检查和开封、唱标内容等认为不符合有关规定的，应在开标现场提出，招标人当场作出解释说明或提交评标委员会评审确认。异议和答复记入开标会记录或制作专门记录。

6　评标

6.1　评标委员会

6.1.1　评标由招标人依法组建的评标委员会负责。评标委员会由招标人代表和有关技术、经济、法律方面的专家组成。招标人代表不得以评审专家身份参加项目的评审。评标委员会成员人数、组成以及评审专家的确定方式见投标人须知前附表。

6.1.2　评标委员会成员有下列情形之一的，应主动回避：

（1）投标人或者投标人主要负责人的近亲属；

（2）与投标人有经济利益关系，以及其他可能影响评标活动公正性的情况；

（3）政府行政监督部门的工作人员；

（4）曾因在招标、评标以及其他与招标投标有关的活动中有过违法违规行为而受到过行政处罚或刑事处罚的。

6.1.3　评标委员会成员有回避事由、擅离职守或因健康等原因不能继续评标的，招标人有权更换不能继续评标的专家。被更换的评标委员会成员已作出的评审结论无效，由更换后的评标委员会成员重新进行评审。

6.2 评标原则

评标活动遵循公平、公正、科学、择优的原则。

6.3 评标

6.3.1 评标委员会按照第四章“评标办法”规定的方法、评审因素和标准和程序对投标文件进行评审。第四章“评标办法”中没有规定的方法、评审因素和标准，不作为评标依据。

6.3.2 评标完成后，评标委员会向招标人提交书面评标报告和中标候选人名单，并注明排序[①]。

7 合同授予[②]

7.1 中标候选人公示

招标人应自收到评标报告之日起3日内，按照投标人须知前附表规定的公示媒介和期限公示中标候选人，公示期不少于3日[③]。公示内容包括：

（1）中标候选人排序、名称、投标报价，以及评标情况；

（2）中标候选人响应招标文件要求的资格能力条件；

（3）提出异议的渠道和方式；

（4）投标人须知前附表规定公示的其他内容。

7.2 评标结果异议

投标人或其他利害关系人对评标结果有异议的，应在中标候选人公示期间提出。招标人将在收到异议之日起3日内作出答复。作出答复前，将暂停招标投标活动。

7.3 中标候选人履约能力审查

中标候选人的经营状况、财务状况发生较大变化或存在违法行为，招标人认为可能影响其履约能力的，将在发出中标通知书前提请原评标委员会按照招标文件规定的标准和方法进行审查确认。

7.4 确认谈判

中标候选人公示结束后，招标人应当组建确认谈判工作组，按照中标候选人排序

---

① 根据实际情况，采取以“评定分离”原则招标的，招标人可以不要求评标委员会对中标候选人进行排序，但招标人须在招标文件中补充规定定标委员会组建、定标办法等内容，并相应修改本章第7.4款、第7.5款等相关条款。

② 对于政府采购项目，本款从其规定做相应调整。

③ 公示期不少于3日是一个低限规定，具体公示期限应综合考虑公示媒介、节假日、交通通信条件和投标人的地域范围等情况合理确定，以保障公示效果。

依次与中标候选人就投资协议和 PPP 项目合同中的可协商条款进行确认谈判，签署确认谈判备忘录。但谈判不得涉及投标报价、投标方案及本章第 1.10.1 项提出的实质性内容。

确认谈判工作组成员及数量由招标人确定，评标委员会成员可以作为谈判工作组成员参与确认谈判。

7.5　定标

招标人应依据确认谈判工作组的确认谈判结果确定中标人。

7.6　中标通知

在本章第 3.3 款规定的投标有效期内，招标人以书面形式向中标人发出中标通知书，同时将中标结果通知未中标的投标人。

7.7　中标结果公示

招标人向中标人发出中标通知书的同时，将中标结果、确认谈判备忘录（如有）及拟签订的投资协议和 PPP 项目合同（涉及国家秘密、商业秘密的内容除外），按照投标人须知前附表规定的媒介向社会公布。

7.8　履约担保

7.8.1　在收到中标通知书后并在签订投资协议之前，中标人应按投标人须知前附表的规定向招标人提交履约担保。联合体中标的，其履约担保以联合体各方或联合体中牵头人的名义提交，并应符合投标人须知前附表的规定。

7.8.2　中标人不能按本章第 7.8.1 项要求提交履约担保，视为放弃中标，其投标保证金不予退还，给招标人造成的损失超过投标保证金数额的，中标人还应当对超过的部分予以赔偿。

7.9　投资协议的签署

7.9.1　招标人和中标人应在投标人须知前附表规定的期限内，根据招标文件和中标人的投标文件签订投资协议。中标人无正当理由拒签投资协议的，或不按照本章第 7.8 款要求提交履约担保的，招标人有权取消其中标资格，其投标保证金不予退还；给招标人造成的损失超过投标保证金数额的，中标人还应对超过部分予以赔偿。

7.9.2　发出中标通知书后，招标人无正当理由拒签投资协议，招标人向中标人退还投标保证金；给中标人造成损失的，还应赔偿损失。

7.9.3　联合体中标的，联合体各方应当共同与招标人签订投资协议，就中标项目向招标人承担连带责任。

7.9.4　投资协议由双方共同签署，经本级人民政府审核批准后生效。

7.9.5　如果根据招标文件规定，招标人取消了中标人的中标资格，在此情况下，招标人可将投资协议授予下一个中标候选人，或者依法重新招标。

7.10　组建项目公司

7.10.1　如需组建项目公司的，中标人应在投标人须知前附表规定的时间内，根据本招标文件和投资协议的规定及其在投标文件中提交的项目公司组建方案，依法设立项目公司。

7.10.2　如中标人未能按招标文件的规定组建项目公司，招标人有权取消其中标资格，并按照投资协议约定从其履约担保中扣除相应的违约金。

7.11　签署 PPP 项目合同

7.11.1　中标人应督促项目公司在投标人须知前附表规定的期限内，与招标人签订 PPP 项目合同。项目公司拒签 PPP 项目合同或不按照 PPP 项目合同约定提交履约担保的，招标人将按照投资协议约定扣除中标人履约保证金。

7.11.2　PPP 项目合同由双方共同签署，并经本级人民政府审核批准后生效。

8　重新招标

有下列情形之一的，招标人将重新招标：

（1）提交投标文件截止时间止，投标人少于 3 个的；

（2）经评标委员会评审后否决所有投标的；

（3）除非已经产生中标候选人，在投标有效期内同意延长投标有效期的投标人少于 3 个的，招标人应当依法重新招标；

（4）投标人须知前附表规定的其他情形。

9　纪律与监督

9.1　招标人的纪律要求

招标人不得泄露招标投标活动中应当保密的情况和资料，不得与投标人串通损害国家利益、社会公共利益或者他人合法权益。

9.2　对投标人的纪律要求

投标人不得相互串通投标或者与招标人串通投标，不得向招标人或者评标委员会成员行贿谋取中标，不得以他人名义投标或者以其他方式弄虚作假骗取中标；投标人不得以任何方式干扰、影响评标工作。

9.3　对评标委员会成员的纪律要求

评标委员会成员不得收受他人的财物或者其他好处，不得向他人透露对投标文件的评审和比较、中标候选人的推荐情况以及评标有关的其他情况。在评标活动中，评标委员会成员应客观、公正地履行职责，遵守职业道德，不得擅离职守，影响评标程序正常进行，不得使用第四章“评标办法”没有规定的评审因素和标准进行评标。

9.4　对评标活动有关工作人员的纪律要求

与评标活动有关的工作人员不得收受他人的财物或者其他好处，不得向他人透露对投标文件的评审和比较、中标候选人的推荐情况以及评标有关的其他情况。在评标活动中，与评标活动有关的工作人员不得擅离职守，影响评标程序正常进行。

9.5　投诉

9.5.1　投标人或其他利害关系人认为招标投标活动不符合法律、行政法规规定的，可以自知道或应当知道之日起10日内向有关行政监督部门投诉。投诉应有明确的请求和必要的证明材料。

监督部门的联系方式见投标人须知前附表。

9.5.2　投标人或其他利害关系人对招标文件、开标和评标结果提出投诉的，应按照本章第2.4款、第5.3款和第7.2款的规定先向招标人提出疑问或异议。异议答复期间不计算在第9.5.1项规定的期限内。

10　其他规定

自购买招标文件之日起，投标人应保证其提供的联系方式（电话、传真、电子邮件）一直有效，以便及时收到招标人发出的函件（招标文件的澄清、修改等），并应及时向招标人反馈信息，否则招标人不承担由此引起的一切后果。

需要补充的其他内容：见投标人须知前附表。

第三章　项目概况及边界条件

1 项目概况

本项目基本信息如下：
____
____。
【招标人应尽可能全面、清晰、准确地向申请人披露有关招标项目的基本情况，使投标人能够获取充分的信息以评估其在提交投标文件中的利害】。

招标文件中反映涉及本项目基本情况的资料和信息数据，是招标人现有的和客观的，招标人保证有关资料和信息数据的真实、准确。投标人据此作出的推论、判断和决策，由投标人自行负责。

2 主要边界条件[①]

2.1 合作范围

项目合作期内，由项目公司按照合同约定负责本项目合作范围内的新建项目设施的设计、投融资、建设、运营维护和移交工作。具体项目设施如下：

本项目新建污水处理厂：____
____。

政府方按照有关法律法规规定，将本项目的特许经营权授予项目公司，即由项目公司负责新建污水处理厂的设计、投融资、建设、运营维护和移交工作，并享有获取污水处理服务费的权利。

2.2 合作期限

项目合作期共______年，其中建设期______年，运营期______年。

2.3 项目公司

2.3.1 中标人须在投资协议签署后的______日内，与政府方出资代表（如有）共同出资在______（项目所在地）设立项目公司【视实际需要调整】。

2.3.2 项目公司注册资金为______万元，各方出资及其在项目公司股权比例要求如下表：

股东名称	认缴出资额（万元）	股权比例（%）	出资方式	出资时间要求
政府方出资代表（如有）				
中标社会资本方				
合计				

① 招标人应根据实际需要及项目实施方案的批准情况，调整、修改、完善本条项下各项条款。根据第 2.14 款，招标人明确要求投标人必须做出实质性响应且不可偏离的内容应全部纳入合同条件。

2.3.3 项目公司成立后的______日内，全体股东应缴纳数额不少于各自认缴的注册资本的______%，剩余部分在建设期内根据建设进度全部实缴到位【根据实际需要进行相应调整】。

2.3.4 除非为本项目融资需要，且经政府方事先书面同意，建设期内【视实际需要而定】，中标人不得转让其持有的项目公司全部或部分股权，也不得将其持有项目公司的全部或部分股权设置质押或其他形式的担保。

2.3.5 项目进入运营期______年后，经政府方事先书面同意，项目公司的股东可以转让其在项目公司的股份。

2.3.6 未经政府方事先书面同意，合作期内项目公司的股权结构不得发生变化，项目公司在任何情况下不得转让或以其他方式转移本协议下的权利和义务，包括采取承包、托管、联营、租赁经营、信托等任何方式导致项目公司对本项目的实际控制权发生转移。

2.3.7 对项目公司股东权利义务的特殊要求：______________________________。

2.3.8 中标人应有序地组织所需各类资源，以及派出有经验的技术、经营等关键岗位人员，并采取有效的方法和措施督促项目公司按合同约定履行其义务。

2.3.9 投标人应在投标文件中提交项目公司组建方案。如中标人未能按照招标文件的规定组建项目公司，招标人有权取消其中标资格，并从其履约保证金中扣除相应的违约金。

2.4 项目投资与融资

2.4.1 项目总投资______万元，包括：______________________________。

2.4.2 项目资本金不应低于总投资的______%（或为总投资的______%）【视实际需要调整】。

2.4.3 项目公司应依法筹集项目建设、运营和维护所必需的全部资金，并负责偿还债务。中标人应协助项目公司完成融资，确保所需资金按照有关规定和合同文件的约定及时、足额落实到位，并就其在合同项下的投资、融资的责任和义务向政府方承担连带责任。

2.4.4 关于项目融资方面的其他要求：

____。

2.5 项目用地及配套设施

2.5.1 本项目选址坐落于______________________________。用地总面积______平方米（以规划部门最终审定为准）。

2.5.2 项目合作期内，政府方协助项目公司，以划拨的方式取得污水处理厂的建设用地，若采取出让方式导致项目投资额增大，污水处理服务费相应增加，土地取得费用纳入项目投资，该土地只能用于本项目，使用年限与本项目合作期限一致（______

年），但不得超过法律规定的最高年限。

2.5.3　项目合作期期满后，项目建设用地土地使用权由政府方或其指定机构无偿收回【视项目供地方式不同进行调整】。

2.5.4　项目用地红线外的市政配套设施由________负责，包括：______________________________（如厂外配套工程、给水、雨污水管道、电力接入系统、厂外道路、绿化隔离带等）。

2.5.5　项目用地使用的其他条件和要求：____。

2.6　资产与资产权属

2.6.1　合作期内，通过投资建设、购置形成的资产归属________所有，项目公司依照法律和合同约定对上述资产享有________________的权利。除合同已有约定外，项目公司不得对项目资产进行抵押、质押、出租、出售或其他方式的处置【视具体情况而定】。

2.6.2　合作期届满，项目公司须按照合同文件的约定将项目资产无偿移交给政府方。

2.7　项目回报机制

2.7.1　合作期内，项目公司提供污水处理服务，通过收取污水处理服务费收回投资及成本，并获得合理回报。合作期满后，项目公司将污水厂全部设施及相关的技术资料、合同等完好、无偿移交给政府或其指定机构，同时，政府无偿收回项目土地使用权。

2.7.2　污水处理服务费以单价和水量（基本水量按开始商业运营日后的第 1 年为______万立方米/日，第 2 年为______万立方米/日，第 3 年为______万立方米/日，第 4 年至合作期结束为______万立方米/日进行设置）为基础计算。

2.8　进水及出水水质标准

2.8.1　进水水质标准

本项目设施接收点的进水水质主要指标如表 3－1 所示。

表 3－1　进水水质主要指标

项目	COD_{Cr}	BOD_5	SS	总氮	氨氮	TP	pH
进水水质							

注：pH 无量纲，其余指标单位为 mg/L。

2.8.2　出水水质标准

本项目设施出水水质执行______级标准，其主要控制指标见表 3－2。

表 3－2　出水水质主要控制指标

项目	COD_{Cr}	BOD_5	SS	NH_3-N	TP	TN	pH	粪大肠菌群数
出水水质								

注：pH 无量纲，粪大肠菌群数指标单位为个/L，其余指标单位为 mg/L。

2.9　污泥处理及处置

本项目剩余污泥应进行脱水处理，脱水后污泥含水率应小于_______%。项目公司负责将脱水后的污泥运送至政府指定的集中处理处置地点，并承担污泥运输车辆购置费用及运输费用。

2.10　自动监控设备

项目公司负责对自动监控设施进行运营维护，定期进行有效性审核，确保监测数据稳定可靠地上传至环境保护主管部门信息中心。合作期内，如因政策调整需由政府方负责委托具备相应资质的第三方运营机构对自动监控设施进行运营维护，该委托费用由政府方支付，届时政府方有权按照物价部门核定的价格从污水处理服务费中予以扣减。

2.11　污染物排放

2.11.1　噪声控制标准

运营期噪声、施工期噪声应满足本招标文件附件 4 技术需求文件的要求，并满足环评批复要求。

2.11.2　废气排放标准

废气排放标准及总量指标按照本工程环境影响评价的批复要求执行。臭气收集并经过处理后采取高空排放（排气筒不低于 15 米），排放标准应满足本招标文件附件 4 技术需求文件的要求。

厂内有毒有害气体及粉尘等卫生条件应满足本招标文件附件 4 技术需求文件的要求。

臭气处理达到国家规定的标准，直到通过当地环保部门现场的检测（合格）；在未通过环保部门监测前，项目公司有义务对整个项目的臭气收集处理系统进行整改，且费用被认为已经包含在投标报价之中。

2.11.3　其他要求

本项目的污染物种类及排放标准最终以环评批复为准。

2.12　适用规范和标准

2.12.1　除招标文件中已载明的具体要求外，本项目建设和运营适用本招标文件附件 4 技术需求文件中列示的国家、行业和地方的规范、标准和规程。

2.12.2　构成合同文件的任何内容与适用的规范、标准和规程之间出现矛盾，应按照其中要求最严格的标准执行。

2.13　其他要求和条件

＿＿＿＿＿＿＿＿＿＿＿＿＿＿＿＿＿＿＿＿＿＿＿＿＿＿＿＿＿＿＿＿＿＿＿＿。

2.14　偏离

除招标文件另有约定外，本章中在条款号前加注“※”的内容均为实质性内容【招标人应根据实际情况对本条项下各款、项进行增减调整、修改或补充】，投标人在投标文件中应针对这些实质性内容予以全面响应，且不得偏离。

第四章　评 标 办 法

评 标 办 法

（综合评分法）

评标办法前附表

<table>
<tr><th colspan="2">条款号</th><th>评审因素</th><th>审 查 标 准</th></tr>
<tr><td>1</td><td>评标方法</td><td>中标候选人排序方法</td><td>综合评分相等时，评标委员会依次按照以下优先顺序推荐中标候选人：
（1）……
（2）……</td></tr>
<tr><td rowspan="5">2.1.1</td><td rowspan="5">形式评审标准</td><td>投标人名称</td><td>与营业执照、资质证书（如有）一致</td></tr>
<tr><td>投标函及投标函附录签字盖章</td><td>有法定代表人或其委托代理人签字或加盖单位章。由法定代表人签字的，应附法定代表人身份证明，由代理人签字的，应附授权委托书，身份证明或授权委托书符合第七章“投标文件格式”的规定</td></tr>
<tr><td>投标文件格式</td><td>符合第七章“投标文件格式”的规定</td></tr>
<tr><td>联合体投标人</td><td>提交符合招标文件规定的联合体协议书，明确了联合体牵头人和各方的权利义务、出资额和出资比例，并承诺一旦成交，联合体各方将向招标人承担连带责任</td></tr>
<tr><td>……</td><td>……</td></tr>
<tr><td rowspan="7">2.1.2</td><td rowspan="7">资格评审标准</td><td>基本要求</td><td>符合第二章“投标人须知”第1.4.1项的规定</td></tr>
<tr><td>投融资能力要求</td><td>符合第二章“投标人须知”第1.4.1项的规定</td></tr>
<tr><td>业绩要求</td><td>符合第二章“投标人须知”第1.4.1项的规定</td></tr>
<tr><td>其他要求</td><td>符合第二章“投标人须知”第1.4.1项的规定</td></tr>
<tr><td>联合体投标人</td><td>符合第二章“投标人须知”第1.4.2项的规定</td></tr>
<tr><td>不存在禁止投标的情形</td><td>不存在第二章“投标人须知”第1.4.3项规定的任何一种情形</td></tr>
<tr><td>……</td><td>……</td></tr>
</table>

续表

条款号		评审因素	审查标准
2.1.3	响应性评审标准	投标报价	符合第二章“投标人须知”第3.2款的规定
		投标有效期	符合第二章“投标人须知”第3.3款的规定
		投标保证金	符合第二章“投标人须知”第3.4款的规定
		项目实施方案	符合第三章“项目概况及边界条件”中的核心边界条件要求
		……	……

条款号	条款内容	编列内容
2.2.1	分值构成① （总分100分）	商务部分：______（10~20）分 投标报价：______（10~30）分 设计、建设和运营维护方案：______（30~60）分 投融资及财务管理方案：______（5~10）分 法律方案：______（5~10）分
2.2.2	评分标准	详见附录1~附录5
3.4	评标结果	推荐的中标候选人的人数为：______名
4	补充条款	

① 分值构成仅供参考，招标人可根据项目实际情况按照法律规定调整，总分为100分。

附录1　商务部分评分细则

商务部分评分细则

序号	评分子项		分值	评分标准
1	投标人实力（______分）	盈利能力		根据投标人提供的财务状况报告，可选择利润总额、净利润、营业利润率、成本费用利润率、盈余现金保障倍数、资本收益率，以及净资产、资产负债率等指标对投标人经营活动能力进行综合评分
		净资产规模		
		资产负债水平		
2	投融资能力（______分）			根据投标人提供的财务状况报告及相关证明材料，对投标人利用自有资金投入项目资本金的保障能力，以及利用其他方式筹集项目建设资金的可及能力进行评分
3	投资管理经验（______分）			根据投标人（或投标人成立的项目公司）在中国境内承担“投资、建设、运营”内容的污水处理项目业绩，除资格条件要求的______个（项目污水处理能力不低于______万立方米/日）污水处理项目业绩外，根据签约业绩、稳定运营业绩进行评分
…	……	……		……

附录2　设计、建设和运营维护方案评分细则

设计、建设和运营维护方案评分细则

序号	评分子项		分值	评分标准
1	总体评价（______分）	总体评价		从工程建设方案、运营维护方案、移交方案等几个方面，对投标人提出的建设和运营方案进行总体评价
	设计方案（______分）	总体评价		从设计方案的完整性、深度、对技术、规范的响应程度等方面进行评估
		工艺选择		从设计原则、主要工艺技术方案（路线）、主要设备选型、能耗水平（含立方米水电耗、药耗）等方面对技术的先进程度、稳定性、抗冲击负荷能力等进行评估
		工艺设计方案		从对本项目设计的重点、难点的把握及相应的解决方案，设计方案是否方便污水处理厂的运营管理、设施、设备维修更换，工程的效果图、剖面图、平面图等主要图纸，所采用的工艺设计参数的合理性，对技术规范的响应程度等方面进行评估
		总图设计		从总平面布局、总体构思、工艺流程、功能分区、图纸齐全程度、设计深度、规范程度、与工程的衔接等方面进行评估
		配套工程及绿化、建筑立面设计		从电气、结构、给排水、消防、安全监控、环境保护等配套专业设计方案，照明、通风、除臭、噪声等设计，厂区绿化方案、建筑立面设计、风格效果等方面进行评估
2	工程建设方案（______分）	建设组织管理方案		可从项目管控及组织机构设置是否合理，对勘察、设计、施工、设备采购与安装、机组调试等各相关参与方的选择方式是否合理，管理关系是否明确等方面进行评估
		质量控制计划		可从项目设计质量、土建施工质量、设备监造，调试、试运营阶段的质量控制目标、质量过程控制计划，以及通病防治和验收等方面对质量控制方案的合理性、可行性进行评价

续表

序号	评分子项		分值	评分标准
2	工程建设方案（______分）	进度控制措施		可从工程建设总体进度控制目标、关键里程碑事件是否满足招标文件要求，以及检查、控制措施是否合理可行等方面进行评估
		工程造价控制措施		从项目估算管理、初步设计概算管理、施工图预算管理、进度款管理、工程变更签证管理、结算和竣工决算管理等方面对建设成本的控制目标、过程控制措施的合理性和可行性进行评价
		采购与物资管理方案		可从对细格栅、潜水泵、潜水搅拌器及推进器、鼓风机、计量泵、刮泥机、自控仪表类设备、臭气收集及处理系统、深度处理系统、泥水分离设施、污泥脱水机、污泥进料和料仓系统等核心设备的采购组织方式、计划安排，以及设备监造和对供应商管理措施等方面对方案的合理性、可行性进行评估
		调试及启动试运方案		可从试运的组织、调试与启动试运的程序管理、设备的交接验收管理，以及达标投产考核期管理和竣工验收等方面对项目管理方案的合理性、可行性进行评价
		……		……
3	运营维护方案（______分）	总体评价		通过对项目运营与维护的目标是否明确、是否符合招标文件要求，组织机构设置及人力资源配置是否合理，以及投标文件对项目运营与维护的重点、难点、关键问题分析是否合理、处理方法是否可行进行总体评价
		运营维护目标		对运营维护的目标是否清晰明确、是否符合招标文件的要求进行评价
		运营管理制度		对编制的运营管理制度、日常运营监测和报告制度规范，在合作期内能否满足项目运营要求，切合项目实际情况等方面进行评价
		项目资产管理		对项目投资建设形成的固定资产的使用、维护、保养维修、处置等内部控制措施的合理性进行评价

续表

序号	评分子项		分值	评分标准
3	运营维护方案（______分）	人力资源投入		从拟投入项目运营维护管理的技术和管理人员的组成结构、经验能力、岗位职责，以及人员培训方案等方面进行评价
		内部管理		包括各项生产管理制度的建设，生产运营、设备检修维护记录等管理，运营成本和项目公司财务状况等的运营管理信息的统计、分析，上报国家和省（自治区、直辖市）的信息系统及信息公开内容是否合理、是否满足行业规定和合同要求等进行评价
		……		……
4	移交方案（______分）	移交方案		对投标文件中的提交前准备工作（含恢复性大修和性能检测）、移交过渡期安排和移交程序，移交后的缺陷责任期等内容的合理性、可行性，以及对招标文件和合同的符合性进行评价
5	保障措施（______分）	环境保护措施		对污泥、废气、噪声处置等环境保护的保障措施、组织管理制度是否全面、科学、高效进行评价
		安全保障措施		对生产运营过程中安全保障措施，如重大事故发生、安全生产，以及应急处理预案等进行评价
		突发事件应急方案		中标人有义务协助政府处理突发事件（如公共卫生事件产生的特殊污水等），对突发事件应急预案进行简要说明，应急预案要有针对性、科学合理、切实可行
…	……	……		……

附录 3　投标报价评分细则

投标报价评分细则

序号	评分子项	分值	评分标准
1	基准污水处理服务费价格报价 （______分）		投标人在投标文件中对污水处理服务费价格的报价不得高于第二章“投标人须知”第 3.2.2 项规定的投标最高限价，否则，投标将被否决。 （1）投标人的投标报价等于评标基准价的得满分； （2）评标基准价 = …… （3）其他投标报价得分 = （评标基准价/投标报价） × 分值 （计算结果四舍五入，保留两位小数）
…	……		……

附录 4　投融资及财务管理方案评分细则

投融资及财务管理方案评分细则

序号	评分子项		分值	评分标准
1	投融资方案及融资计划（______分）	投融资方案		对投融资方案的结构合理性，招标文件的符合性，项目资本金和融资来源的可靠性、融资成本的合理性，以及资金不到位的应急处理方案的可行性进行评价
		资金到位及使用计划		对资金使用计划的合理性以及是否满足建设进度要求等进行评价
		资金使用管理		对整个合作期内，项目公司在资金使用计划的制定和执行管理、施工和设备工程款管理，以及运营期内货币资金收入及支付业务管理和现金管理等方面方案的合理性进行评价
		……		……
2	项目财务分析与评价（______分）	财务模型合理性		对投标文件中财务分析模型的完整性、计算规则的适用性，以及假设基础和计算参数选择合理性进行评价
		成本和收入预测		对投标文件中的运营收入以及成本费用测算内容和过程的完整性、合理性进行评价
		盈利能力		通过投融资方案的盈利能力对投标报价的合理性进行评价
		偿债能力		通过债务资金偿还能力对融资的可及性和合理性进行评价
		财务生存能力		对财务计划的合理性以及持续经营的保障程度进行评价
		……		……
…	……	……		……

附录 5　法律方案评分细则

法律方案评分细则

序号	评分子项	分值	评分标准
1	项目公司组建方案（______分）		对项目公司成立的时间、形式、注册资本、股权架构，以及内部治理对招标文件和项目合同的响应程度进行评价； 对项目公司主要人员的资历和业绩能否满足本项目要求，从组织、制度和人员配备上能否满足和适应本工程的要求，以及项目公司管理工作内容和措施，包括各类管理工作内容明确，管理措施和流程可行完善，各类管理工作重点、难点突出，管理工作体现本工程特点等方面进行评价
2	对招标文件中投资协议和 PPP 项目合同应答和合理化建议（______分）		根据投标人对本招标文件中的投资协议和 PPP 项目合同的响应和偏离情况进行评价
…	……		……

1 评标方法

本次评审采用综合评分法。评标委员会对满足招标文件实质性要求的投标文件，按照本章第2.2款规定的评分标准进行打分，并按照评审得分由高到低顺序推荐中标候选人①。综合评分相等时，评标委员会应按照评标办法前附表规定的优先次序推荐中标候选人。

2 评审标准

2.1 评审标准

2.1.1 形式评审标准：见评标办法前附表。

2.1.2 资格评审标准（适用于已进行资格预审的）：见评标办法前附表。

2.1.2 资格评审标准（适用于未进行资格预审的）：见评标办法前附表。

2.1.3 响应性评审标准：见评标办法前附表。

2.2 分值构成与评分标准

2.2.1 分值构成

（1）商务部分：见评标办法前附表。

（2）投标报价：见评标办法前附表。

（3）设计、建设和运营维护方案：见评标办法前附表。

（4）投融资及财务管理方案：见评标办法前附表。

（5）法律方案：见评标办法前附表。

2.2.2 评分标准

各评分因素的评分标准：见评标办法前附表附录。

3 评审程序

3.1 初步评审

评标委员会依据本章第2.1.1项和第2.1.3项规定的评审标准对投标文件进行初步评审。当投标人资格预审申请文件的内容发生重大变化时，评标委员会依据本章第2.1.2项规定的标准对其更新资料进行评审（适用于已进行资格预审的）。

评标委员会依据本章第2.1款规定的标准对投标文件进行初步评审，对资格复核合格的投标文件进行初步评审，有一项不符合评审标准的，评标委员会应否决其投标（适用于未进行资格预审的）。

---

① 采用“评定分离”原则招标的，应做相应调整、修改。

3.2　详细评审

3.2.1　评标委员会依据本章第2.2款规定的标准，对投标文件进行打分，并计算出综合得分。

3.2.2　评分分值计算保留小数点后两位，小数点后第三位“四舍五入”。

3.2.3　评标委员会认为投标人的报价明显低于其他投标报价，有可能影响服务质量或者不能诚信履约等情况的，可要求投标人作出书面说明并提供相关证明材料，投标人不能合理说明或者不能提供相应证明材料的，评标委员会应当认定投标人以低于成本报价竞标，并否决其投标。

3.3　投标文件的澄清和补正

3.3.1　在评审过程中，评标委员会可以书面形式要求投标人对其提交的投标文件中含义不明确、对同类问题表述不一致或者有明显文字和计算错误的内容进行必要的澄清、说明或补正。澄清、说明或补正应采用书面形式进行。招标人和评标委员会不接受投标人主动提出的澄清、说明或补正。

3.3.2　澄清、说明或补正不得超出投标文件的范围，且不得改变投标文件的实质性内容。投标人的书面澄清、说明或补正构成投标文件的组成部分。

3.3.3　评标委员会对投标人提交的澄清、说明或补正有疑问的，可以要求进一步澄清、说明或补正，直至满足评标委员会的要求。

3.4　评标结果

3.4.1　评标委员会按照综合得分由高到低的顺序并按评标办法前附表规定的人数推荐中标候选人，并标明排序①

3.4.2　评标委员会完成评标后，应向招标人提交书面评标报告和中标候选人名单。评标报告应由全体评标委员会成员签字。

4　补充条款

补充条款见评标办法前附表。

---

①　根据实际情况，采取以“评定分离”原则招标的，招标人可以不要求评标委员会对中标候选人进行排序，但招标人须在招标文件中补充规定定标委员会组建、定标办法等内容，并相应修改本章第7.4款、第7.5款等相关内容。

附件 1：评标委员会签到表

评标委员会签到表

项目名称：________________

序号	姓名	职称	工作单位	身份证号码	联系方式
1					
2					
3					
4					
5					
6					
7					

附件 2：评标专家声明书

评标专家声明书

本人接受招标人邀请，担任＿＿＿＿＿（项目名称）选择社会资本方招标的评审专家。

本人声明：

在评标前未与招标人、招标代理机构以及投标人发生可能影响评标结果的接触；在评标结果确认前，不向外透露投标文件评审、中标候选人的推荐情况以及与评标有关的其他情况；不收受招标人超出合理报酬以外的任何现金、有价证券和礼物；不收受相关利害关系人的任何财物和好处；无第二章“投标人须知”第 6. 1. 2 项规定应当回避的情形。

本人郑重保证：

在评标过程中，遵守有关法律、法规、规章和纪律；服从评标委员会的统一安排；独立、客观、公正地履行评标专家职责；接受有关行政监督部门依法实施的监督。如违反上述承诺或不能履行评标专家职责，本人愿意承担一切由此带来的法律责任。

特此声明。

评标委员会全体成员（签字）：

年　　月　　日

附件3：形式评审记录表

形式评审记录表

项目名称：______________

序号	评审因素	评审标准	投标人名称及评审意见				
1	投标人名称	符合第四章“评标办法”第2.1.1项规定					
2	投标函及其附录签字盖章	符合第四章“评标办法”第2.1.1项规定					
3	投标文件格式	符合第四章“评标办法”第2.1.1项规定					
4	联合体（如有）	符合第四章“评标办法”第2.1.1项规定					
…	……	……					
形式评审结论（通过形式评审标注为“√”，未通过形式评审标注为“×”）							

评标委员会全体成员（签字）：

年　　月　　日

附件4：资格评审记录表

资格评审记录表

项目名称：________________

序号	评审因素	评审标准	投标人名称及评审意见				
1	基本要求	符合第二章“投标人须知”第1.4.1项的规定					
2	投融资能力要求	符合第二章“投标人须知”第1.4.1项的规定					
3	业绩要求	符合第二章“投标人须知”第1.4.1项的规定					
4	其他要求	符合第二章“投标人须知”第1.4.1项的规定					
5	联合体投标人	符合第二章“投标人须知”第1.4.2项的规定					
6	不存在禁止投标的情形	不存在第二章“投标人须知”第1.4.3项规定的任何一种情形					
…	……	……					
资格评审结论（通过资格评审标注为“√”，未通过资格评审标注为“×”）							

评标委员会全体成员（签字）：

年　　月　　日

附件5：响应性评审记录表

响应性评审记录表

项目名称：________________

序号	评审因素	评审标准	投标人名称及评审意见				
1	投标报价	符合第二章“投标人须知”第3.2款的规定					
2	投标有效期	符合第二章“投标人须知”第3.3款的规定					
3	投标保证金	符合第二章“投标人须知”第3.4款的规定					
4	项目实施方案	符合第三章“投标人须知”中的核心边界条件要求					
响应性评审结论（通过资格评审标注为“√”，未通过资格评审标注为“×”）							

评标委员会全体成员（签字）：

年　　月　　日

附件6：投标偏差分析表

投标偏差分析表

项目名称：________________

重大偏差			细微偏差			
序号	重大偏差内容说明	招标文件相关条款	序号	细微偏差内容说明	招标文件相关条款	补正情况

评标委员会全体成员（签字）：

年　　月　　日

附件 7：投标报价评审得分记录表

投标报价评审得分记录表

项目名称：________________

序号	投标人名称	投标报价（单位：万元）	评分标准	评标基准价（单位：万元）	投标报价得分
…	……	……			

评标委员会成员（签字）：

年　　月　　日

附件 8：其他因素评审记录表

其他因素评审记录表

项目名称：________________

序号	评审因素	评分标准	标准分	投标人名称及评审意见				
1								
…	……	……						
评分合计								

评标委员会成员（签字）：

年　　月　　日

附件9：详细评审得分汇总表

详细评审得分汇总表

项目名称：________________

序号	评分因素	分值代码	投标人名称及评审得分				
1		A					
2		B					
3		C					
4		D					
…	……	……					
详细评审得分合计 = A + B + C + D + ……							

评标委员会成员（签字）：

年　　月　　日

附件 10：评标结果汇总表

评标结果汇总表

项目名称：________________

评委姓名	投标人名称及评审得分				
各评委得分平均值					
投标人最终排名次序					

评标委员会全体成员（签字）：

年　　月　　日

第五章　投资协议

投 资 协 议

政府方：______________________　地址：______________________

负责人：______________________　职务：______________________

社会资本方：____________________　地址：______________________

社会统一信用代码：______________　法定代表人：__________________

职务：________________________　国籍：______________________

鉴于：

（1）__________（PPP 项目名称）（以下简称“本项目”）已经__________（县级以上）人民政府批准同意采用政府和社会资本合作（PPP）模式实施，并经过公开招标，确定________为中标社会资本方；

（2）社会资本方已充分知悉__________（政府出资人代表）作为本项目的政府方出资代表参与本项目的设计、投融资、建设、运营维护和移交等工作，并同意按照本协议的约定与其共同组成项目公司；

（3）项目公司成立后______日内将与政府方正式签署《PPP 项目合同》。由项目公司按照本协议和《PPP 项目合同》约定负责项目具体实施；双方同意并保证：除非取得政府方的同意，任何一方不得对《PPP 项目合同》项下的任何内容及条款进行修改，项目公司将无条件承认和履行《PPP 项目合同》项下自己一方的全部义务和责任。

有鉴于此，双方本着遵循诚实守信、长期合作、平等协商的原则，根据中国已颁布的法律、法规及任何其他相关规范性文件，达成以下协议：

第一条　项目概况

1.1　项目名称：____。

1.2　项目批准、核准或备案文号：______________________________。

1.3　项目地点：____。

1.4　项目内容及规模：____。

第二条　合作关系

2.1　运作方式

项目采取 建设—运营—移交（BOT）模式运作，社会资本方负责按照本协议的约定组建项目公司，由项目公司承担新建项目的设计、投融资、建设、运营维护和移交等职责并取得污水处理服务费，合作期满后项目资产及相关权利等无偿移交给政府方或政府指定的其他机构。

2.2 合作内容

2.2.1 项目范围

项目合作期内，由项目公司按照合同约定负责本项目合作范围内的新建项目设施的设计、投融资、建设、运营维护和移交工作。具体项目设施如下：

本项目新建污水处理厂：____。

2.2.2 特许经营权授予：____。

政府方按照有关法律法规规定，将本项目的特许经营权授予项目公司，即由项目公司负责新建污水处理厂的设计、投融资、建设、运营维护和移交工作，并享有获取污水处理服务费的权利。

2.2.3 政府提供的条件

政府方在此确认并承诺为项目合作提供以下条件：

（1）政府方负责依法依规履行项目审批、核准、备案及可行性论证和审查程序，并纳入“全国 PPP 项目信息监测服务平台”和“全国 PPP 综合信息平台”管理；

（2）依法依规将本项目财政支出责任纳入年度财政预算及中期财政规划；

（3）按照本协议的约定为项目实施提供资金支持；

（4）为项目用地取得规划许可，并按照《PPP 项目合同》的约定向项目公司交付使用土地；

（5）经双方合意约定的其他条件：______________________________。

2.2.4 社会资本方提供的条件

社会资本方在此确认并承诺为项目合作提供以下条件：

（1）按合同约定有序地组织所需要的各类资源，以及派出有经验的技术、经营等关键岗位人员，并采用有效的方法和措施督促项目公司履行应由其承担的义务；

（2）按照本协议的约定为项目实施提供资金支持，协助项目公司完成融资，确保项目公司维持完成相应工作所需的资信条件；

（3）经双方合意约定的其他条件：______________________________。

2.3 声明和保证

2.3.1 政府方在此声明并保证以下内容均真实、完整、准确、有效：

（1）政府方已获得关于签署本协议的授权，具有签署和履行本协议及与本协议有关的其他文件的资格和能力，确保严格按照本协议约定履行相关义务；

（2）本项目没有被其他方主张权益，或受其他主体权利影响；

（3）本项目不存在其他未披露的可能影响本项目实施的诉讼、仲裁等争议；

（4）行政区划调整、政府换届、机构或者职能调整以及相关责任人出现变更调整的，不影响政府方履行本协议。

如果政府方在此所作的声明被证实在作出时存在实质方面的不属实，并且该不属实声明严重影响本项目的顺利进行，社会资本方有权终止本协议，政府方应承担社会资本方因此所产生之损害。

2.3.2　社会资本方在此声明并保证以下内容均真实、完整、准确、有效：

（1）社会资本方系根据注册地管辖法律设立且有效存续的法人或非法人组织，具有签署和履行本协议及与本协议有关的其他文件的资格和能力；

（2）已经获得充分必要的授权签署本协议并履行本协议项下的一切义务；

（3）本合同的签署和履行不违反社会资本方应当遵守的任何适用法律或对其具有约束力的合同性文件的规定，或者与之有利益冲突；

（4）在签署本合同时，不存在任何对社会资本方签署及履行本协议产生重大不利影响的诉讼、仲裁或其他争议；

（5）已充分理解本协议背景和目的，并承诺不再就本项目与政府方另行签订与本协议实质性内容相背离的协议；

（6）遵守法律规定，履行本协议项下义务，接受政府方按照法律规定和本协议约定对本项目实施的监管；

（7）项目公司不履行或不完全履行本协议或《PPP 项目合同》约定义务的，社会资本方承诺按照《PPP 项目合同》约定的范围对项目公司设计、投融资、建设、运营维护和移交等向政府方承担相应的有限追偿责任。

（8）如果社会资本方是由两个或两个以上当事人组成的联合体，那么：

1）这些当事人应被认为在履行合同上对政府方负有共同的和各自的责任；

2）未经政府方事先同意，社会资本方不得改变其组成或法律地位。

如果社会资本方在此所作的声明被证实在作出时存在实质方面的不属实，并且该不属实声明严重影响本项目的顺利进行，政府方有权终止本协议，社会资本方应承担政府方因此所产生之损失。

第三条　合作期限

本项目合作期限共______年，自______起，至______止。其中：建设期______年，运营期______年。

第四条　投资与收益

4.1　项目投资

4.1.1　项目总投资为______万元，包括：建设投资、建设期利息和铺底流动资金【视具体情况而定】。

4.1.2　项目公司应筹集不低于项目总投资______% 的非债务性资金用作项目资本金。

为此，双方同意并确认：政府方出资______万元，社会资本方出资______万元。

4.1.3　社会资本方应督促和指导项目公司在批准的总投资额内完成项目工程建设并达到交付生产条件。

4.1.4　除非本协议另有约定，协议各方根据第4.1.2项和第4.1.3项的出资不得以任何方式抽回。

4.2　项目收入来源和价格

4.2.1　未经政府方批准或同意，项目公司不得从事其他业务。项目收益来源：

（1）合作期内，政府方应根据《PPP项目合同》的约定向项目公司支付污水处理费，中标基准污水处理服务费价格为______元/立方米。

（2）合作期内，污水处理服务费价格以中标基准污水处理服务费价格为基础，按照《PPP项目合同》第11.2.2项［污水处理服务费价格的调整］的规定进行调整。

4.3　其他投资与收益指标

其他投资与收益指标（如有）：________________________________。

第五条　项目公司

5.1　项目公司设立

5.1.1　本协议签署后______日内，社会资本方应独自（或与政府方出资代表共同）[①]在______（项目所在地）依法向登记机关申请设立有限（责任）公司（以下简称"项目公司"），并获得设立项目公司所需的各种批准和执照。

5.1.2　项目公司注册资本为______元，其中，政府方出资代表出资______元[②]，出资比例______%，出资方式为______；社会资本方出资______元，出资比例______%，出资方式为______。

5.1.3　项目公司成立后______日内，全体股东应缴纳数额不少于各自认缴的注册资本的______%。其余部分视项目建设进度的需要及时、足额缴纳。除非另有约定，股东各方缴付注册资本的进度应是同步的。

5.1.4　本协议存续期间，股东各方均不得抽回、侵占、挪用项目公司注册资本金。

5.2　项目公司增资扩股与减资

5.2.1　合作期内，如发生投资额增加或因融资需要，需要相应增加项目公司注册资本时，该相应增加部分的注册资本应按以下第______种方式解决：

（1）项目公司全体股东按照实缴的出资比例认缴出资；

① 须根据具体情况选择适用，并修改。

② 投资者以实物、土地使用权等非货币财产作价出资的，应当委托具有专业能力的资产评估机构依法评估作价。

（2）社会资本方全额认缴出资。

双方同意并确认本条款所称增资情形并不影响双方在本协议项下的任何权利、义务。

5.2.2　在不限制正常业务的前提下，除非经政府方事先批准，合作期内，社会资本方不得促使项目公司作出下列行为：

（1）增加、减少、分配、发行、收购、转让、质押或赎回任何注册资本、股权；

（2）通过修订项目公司章程或通过重组、合并、股本出售、兼并或其他方式，采取任何可能导致在交割日投资方持有的项目公司股权被摊薄的行为。

5.3　出资违约

5.3.1　任何一方未按本协议规定的时间如数缴纳出资，即构成违约。自前述违约情形发生之日起，违约方应按其应缴未缴出资额向守约方支付______日的违约金。

5.3.2　在本协议第5.3.1项所称情形下，守约方有权向违约方发出书面通知并告知其在______日内缴付或缴清出资，若违约方逾期仍未缴付，守约方有权要求违约方支付其未付出资额的______作为违约金。

5.4　项目公司治理

5.4.1　项目公司股东会由全体股东组成，是公司的权力机构。依照法律和公司章程行使下列职权：

（1）修改项目公司章程、增加或者减少注册资本；

（2）项目公司合并、分立、解散、清算或变更公司形式；

（3）决定项目公司的经营计划和投资计划；

（4）批准发行公司债券；

（5）批准项目公司对外重大担保事宜；

（6）公司章程约定的其他事项。

5.4.2　本协议第5.4.1项所述第（1）项~第（5）项重大经营决策事项，股东会会议由股东按照以下第______种方式行使表决权。

（1）按照股东出资比例行使表决权；

（2）经代表全体股东所持表决权的三分之二以上股东同意；

（3）经全体股东一致同意。

5.4.3　项目公司设董事会，成员为____人，由____产生。①董事任期____年，任期届满，可连选连任。②董事会设董事长一人，副董事长____人，由______产生。

---

① 有限公司不设董事会的，此条应改为：公司不设董事会，设执行董事一人，由股东会选举产生。执行董事任期三年，任期届满，可连选连任。

② 每届不得超过三年。

5.4.4　项目公司设监事会作为内部监督机构，成员____人[①]，其中，至少有____名监事由政府方出资代表指派专人担任，监事会主席由全体监事过半数选举产生。[②]

5.5　股权转让与股权担保限制

5.5.1　除非另有约定，建设期内，社会资本方不得转让其持有的项目公司全部或部分股权。

5.5.2　项目进入运营期______年后，经政府方事先书面同意，社会资本方可以转让其在项目公司的全部或部分股权，但须满足以下条件：

（1）受让方具有足够的资信、技术和运营管理能力，确保其履行转让方在本协议及与本协议有关文件中约定的义务；

（2）受让方已书面承诺，在其成为项目公司股东后，项目公司将继续履行本协议约定的义务，且其将督促项目公司履行该义务；

（3）转让不对项目公司提供运营服务产生实质性不利影响。

5.5.3　司法判决或仲裁裁决转让项目公司全部或部分股权的，社会资本方应在收到前述生效判决或裁决后30日内通知政府方并与政府方协商处理相关事宜。

5.5.4　除非另有约定，未经政府方书面同意，社会资本方不得将其持有项目公司的全部或部分股权设置质押或其他形式的担保。

5.6　其他事项

5.6.1　协议各方应确保项目公司股东协议和公司章程与本协议约定一致。

5.6.2　____。

第六条　各方的权利和义务

6.1　政府方的权利和义务

6.1.1　遵守法律，维护社会公共利益及公共安全。

6.1.2　遵循职权法定和依法行政等原则，诚实守信履行本协议和PPP项目合同项下约定的义务。

6.1.3　按本协议的约定提供合作条件。

6.1.4　有权依据法律和本协议的约定对社会资本方的出资，以及项目公司对项目的设计、投融资、建设、运营维护和移交情况进行检查和监督。

6.1.5　为确保本协议和PPP项目合同的履行，政府方应在其权限和管辖范围内取得应由政府方取得的审批文件和授权，并尽力协助项目公司及时获得设立项目公司以及工

---

① 项目公司不设监事会时，此条应改为：公司不设监事会，设监事____人，由股东会选举产生。监事的任期每届为三年，任期届满，可连选连任。

② 监事会中应有职工代表监事，且职工代表的比例应不低于三分之一。

程建设管理必要的许可或批准。

6.1.6　政府出资人代表（如有）履行本协议项下的权利和义务，以及作为政府方出资代表参加项目公司管理活动而作出的决定、决议等意思表示或行为，均视为政府方作出的决定或决议。

6.1.7　法律和本协议规定的其他权利和义务。

6.2　社会资本方的权利和义务

6.2.1　享有法律规定和本协议约定的权利。

6.2.2　按照本协议和项目公司章程约定享有出资人及项目公司股东权利。

6.2.3　按本协议的约定提供合作条件，接受政府方对项目资本金筹措及项目融资的监督和检查。

6.2.4　按照法律规定和本协议约定履行相关义务，并督促项目公司履行应由其承担的义务。

6.2.5　协助项目公司进行项目的设计、施工、运营管理、维护、维修等。

6.2.6　协助项目公司指定和实施项目公司在合作期间的业务经营计划、融资方案。

6.2.7　按照法律规定和本协议约定，在项目正式运营前，社会资本方就项目公司在PPP项目合同项下的责任、义务承担连带责任。

6.2.8　未经政府方书面同意，不得转让其在本协议项下的权利和义务。

6.2.9　不得以项目公司股权设置任何形式的权利负担，不得以其持有的项目公司股权或其他与项目有关的权益为本项目以外的其他事项或其他法人等第三方提供担保。

6.2.10　法律和本协议规定的其他权利和义务。

6.3　政府方出资代表的权利和义务（如有）

6.3.1　按照本协议和项目公司章程的约定参与设立项目公司，履行相应义务。

6.3.2　按照法律和项目公司章程约定享有出资人及项目公司股东权利。

6.3.3　按照本协议和项目公司章程约定参与项目公司重大决策。

6.3.4　按照法律规定和本协议约定，对项目公司的行为承担相应责任。

6.3.5　法律和本协议规定的其他权利和义务。

6.4　政府方权利与义务的转让

6.4.1　政府方不得转让或以其他方式转移其在本协议下的全部或部分权利或义务，但因政府决定、机构改革等原因导致政府方主体资格变化时，则政府方合法的继任者或承继者承继政府方在本协议项下全部权利和义务，项目公司应无条件接受。

第七条　协议文件组成及优先解释顺序

下列文件应视为构成并作为阅读和理解本协议的组成部分，相互解释、互为说明：

a）本投资协议书；

b）PPP 项目合同；

c）中标通知书；

d）确认谈判备忘录（如有）；

e）投标函及其附录；

f）招标文件；

g）组成本协议的其他文件：____。

在协议订立及履行过程中形成的与协议有关的文件均构成协议文件组成部分。上述各项协议文件包括当事人就该项协议文件所作出的补充和修改，属于同一类内容的文件，应以签订时间在后的文件为准。

第八条　履约担保

社会资本方在签署本协议前，自行承担费用向政府方提交符合下列要求的履约担保，以保证社会资本方履行其在本协议项下应承担的义务，以及根据本协议第 9 条［违约责任］规定应承担的违约赔偿义务。

a）履约担保的形式①为______________；

b）保证金额为人民币______元；

c）确保履约保证直到项目公司按照 PPP 项目合同第 15.1.1 项提交建设履约担保（即“到期事件”）持续有效和可执行。

如果履约担保中载明了到期日，而在该日期______日前到期事件尚未届至，社会资本方应将履约担保的有效期延长至到期事件达成之日止。

政府方应在到期事件届至后的______日内，将履约担保退还社会资本方。

第九条　违约责任

9.1　违约事件

本协议各方应严格遵守本协议的约定，除非根据法律规定和本协议约定属于免责事由，以下每一件事件均构成违约事件：

（1）本协议一方未履行或未适当、充分履行本协议所约定之义务或承诺；或

（2）本协议一方在本协议中所作的任何陈述、声明、保证或承诺在任何实质性方面不真实、不准确或不完整。

9.2　违约处理

除本协议另有约定，如发生本协议第 9.1 款违约事件所述情形，守约方有权向违

---

① 履约保证金的形式通常为中标人出具的银行汇票、支票、现钞等，以及由银行或第三方担保机构出具的履约担保函。招标人应当给中标人留有选择履约保证金形式的余地，不能以此为理由排斥投标人。

约方发出书面通知，要求违约方在指定期限内纠正其违约行为，并采取一切可能、必要的补救措施。

任何一方发生违约行为而使守约方遭受任何损害、损失、增加支出或承担额外责任，守约方有权要求违约方承担赔偿责任，但上述赔偿不应超过违约方在签订本协议时预见或应当预见的损害、损失、支出或责任。

守约方要求违约方赔偿损失既不影响守约方要求违约方继续履行协议或解除协议的其他权利，也不影响违约方依法承担行政责任和刑事责任。

第十条　不可抗力

10.1　不可抗力的定义

本合同下，“不可抗力”指某种特殊事件或情况：

（1）双方无法控制的；

（2）在合同签订前，对之是否发生不能预见的；

（3）发生后，双方尽管采取了及时合理的措施，但客观上并不能阻止这一特殊事件或情况的发生；

（4）对之所造成的损失不能克服；

（5）不能归因于他方的。

满足上述条件，不可抗力包括但不限于下列特殊事件或情况：

（1）雷电、地震、火山爆发、滑坡、水灾、暴雨、海啸、台风、龙卷风或旱灾等自然灾害；

（2）大规模流行病、瘟疫、化学或放射性污染、核辐射污染；

（3）战争行为、入侵、武装冲突或外敌行为、封锁或军事力量的使用，暴乱或恐怖行为；

（4）全国性、地区性、城市性或行业性罢工；

（5）考古或文物保护等；

（6）其他：____。

10.2　不可抗力的通知

因不可抗力致使一方履行本协议规定的任何义务已或将受到影响，受到不可抗力影响的一方应在觉察或应已觉察到构成不可抗力事件后______日内向另一方发出书面通知，详细说明不可抗力的性质、开始的日期、预计持续时间以及对履行本协议下的义务所造成的影响，并在对方要求时提供相关证明。

10.3　不可抗力事件的处理

在不可抗力事件发生时，受不可抗力事件影响的一方应采取合理的措施以缓解不可抗力的影响，并承担采取这种措施时可能发生的费用。

因不可抗力致使本协议无法按期履行或不能履行的，在根据本协议第10.2款的规定发出通知后，受影响一方在此种不可抗力事件持续期间免于履行相关义务，无须为其履约延误或中止履约承担违约责任。

协议一方迟延履行，在迟延履行期间发生不可抗力的，不免除其责任。

第十一条　争议解决

11.1　行政争议的解决

对政府方作出的与本协议有关的行政行为，社会资本方认为侵犯其合法权益的，有权依法申请行政复议或向人民法院提起行政诉讼。

11.2　民事争议的解决

因本协议的订立、生效、变更、解除、履行和效力等产生的任何民事争议，各方本着友好、互利的原则协商解决，协商不成的，按下列第______种方式解决：

（1）向________仲裁委员会申请仲裁；

（2）向有管辖权的人民法院起诉。

第十二条　其他事项

12.1　协议签订时间和地点

本协议于______年______月______日在______签订。

12.2　协议的签署及生效

本协议由协议各方授权代表签署，并自下列条件全部满足之日起生效：

（1）本协议经本级人民政府审核同意；

（2）社会资本方已按本协议第八条［履约担保］约定向政府方提交了符合要求的履约保证金。

12.3　协议的变更、修改和补充

本协议未尽事宜，可由双方书面约定后作为本协议的补充协议或备忘录。本协议的修改、补充须以书面方式进行，并由双方法定代表人或授权代表签字及加盖单位公章。

12.4　协议份数

本协议一式______份，均具有同等法律效力，政府方执______份，社会资本方执______份。

12.5　其他

（1）本协议中的标题仅为了方便阅读，不应视作对本协议的当然解释；

（2）除非特别说明，“条”和“附件”分别指本协议的条、款和附件，提及“本协议”时，应理解为包括其各附件；

（3）除非特别说明，本协议书中词语和措辞含义应与《PPP 项目合同》通用合同条款中赋予的含义相同；

（4）双方认为应该约定的其他事项：________________________。

第十三条　附件

……

政府方：____________（公章）　　社会资本方：____________（公章）

单位负责人或授权代表：______（签字）　　法定代表人或授权代表：______（签字）

第六章　PPP 项目合同

第一部分　合同协议书

本合同协议书于______年______月______日由________________（以下简称政府方）为一方，与____________________________（以下简称项目公司）为另一方在______________签订。

鉴于：

（1）________________（以下简称社会资本方）已于______年______月______日与政府方签订了《投资协议》，以政府和社会资本合作（PPP）模式运作________________项目；

（2）______________________（项目公司名称）是社会资本方为实现本项目之目的，根据《投资协议》约定专门设立的有限责任公司。

依照中国法律有关规定，遵循平等、自愿、公平和诚实信用的原则，双方就以下事项协商一致，达成如下协议：

1. 本协议书中的词语和措辞的含义，应与下文提到的合同条件中分别赋予它们的含义相同。

2. 下列文件应被视为本协议书的组成部分，并应作为其中一部分阅读和解释：

（1）合同通用条款；

（2）合同专用条款及其附件；

（3）对此所附的备忘录（如有）。

3. 项目合作期共______年，自________起，至________止。其中，建设期自本合同生效之日起______年。

4. 基准污水处理服务费价格为__________元/立方米。

5. 本合同应在下列条件得到全部满足的日期全面实施和生效：

（1）经本级人民政府审核同意；

（2）项目公司已按合同约定向政府方提交了符合要求的履约担保。

如果在本合同协议书签订______日内，其中任何条件仍未得到满足，本合同应作废和无效。

政府方：________________（公章）　　项目公司：______________（公章）

法定代表人（负责人）　　法定代表人

或授权代表：____________（签字）　　或授权代表：____________（签字）

第二部分　通 用 条 款

1　一般约定

1.1　定义和解释

1.1.1　定义

本合同中包括合同协议书、通用条款和专用条款，以下词语和措辞应具有以下所述的含义。

（1）“本合同”是指政府方与项目公司就本项目设计、投融资、建设、运营维护和移交等合作内容签订的 PPP 项目合同；

（2）“协议书”是指构成本合同的、由政府方和项目公司共同签署的称为“合同协议书”的书面文件；

（3）“投资协议”是指政府方与社会资本方签署的称为“投资协议”的书面文件；

（4）“本项目”是指协议书中规定的污水处理项目；

（5）“政府方”是指人民政府或其依法授权的实施机构，可指其中之一，也可统指政府和实施机构；

（6）“项目公司”是指社会资本方和政府方出资代表（如有）为实施本项目根据“投资协议”的约定依法设立的特殊目的公司；

（7）“污水处理设施”是指本项目新建的全部一体化污水处理设施，包括设备、建筑物、构筑物、其他资产和辅助工程等；

（8）“特许经营权”是指政府方根据第 3.2.1 项［授予特许经营权］规定依法授予项目公司完成设计、投融资、建设、运营维护和移交项目设施，并取得垃圾处理服务费及相关收入的权利；

（9）“合同当事人”是指政府方和（或）项目公司；

（10）“合作期”是指协议书中规定的污水处理项目的合作期限；

（11）“建设期”是指自本协议签署生效之日起，至项目正式运营之日止，包括项目前期工作、施工建设和调试、试运营；

（12）“运营期”是指自正式运营日起至合作期最后一日止的期间；

（13）“工程变更”是指在项目建设过程中，按照合同约定的程序对部分或全部工程在材料、工艺、功能、技术指标、工程量等方面作出的改变；

（14）“试运营”是指依据合同约定，在工程完成竣工试验后，由政府方或项目公司组织进行的全部试验；

（15）“设计水量”是指经政府相关部门批复的本污水处理厂设计日处理能力规模；

（16）“实际进水水量”是指污水厂进水流量计计量的水量；

（17）“实际处理水量”是指污水厂出水流量计计量的水量；

（18）“污水处理服务费”是指协议书中规定的污水处理项目的合作期限；

（19）“环境污染”是指污水处理项目对于地上、地下或周围的空气、土地或水的污染，且该等污染违背或不符合有关环境的适用法律或国际惯例；

（20）“运营日”是指自开始运营日起算，每日从北京时间 9：00 开始至次日北京时间 9：00 结束的 24 小时期间；

（21）“运营月”是指自开始运营日起算，运营期内任一个月的公历月份期间，但第一个运营月应在第一个运营日北京时间 9：00 开始，最后一个运营月应在合作期的最后一日北京时间 9：00 结束；

（22）“运营年”是指自开始运营日起算，运营期内任一连续 12 个月的公历年度期间，但第一个运营年应在第一个运营日北京时间 9：00 开始，最后一个运营年应在合作期的最后一日北京时间 9：00 结束。

1.1.2　语言文字

除本合同另有约定外，本合同以中国的汉语简体文字编写、解释和说明。合同各方在［专用条款］中约定使用两种以上语言的，汉语为优先解释和说明合同的语言。

1.1.3　解释

本合同中，除上下文另有需要外，相关术语解释如下：

（1）“元”指中华人民共和国法定货币人民币的单位；

（2）“日”“月”和“年”是指公历的日、月和年；

（3）“天”除特别指明外，均指日历天。合同中按天计算时间的，开始当天不计入，从次日开始计算，期限最后一天的截止时间为当天 24：00 时；

（4）除非上下文另有规定，“包括”一词在任何时候应被视为与“但不限于”连用；

（5）除本合同上下文另有规定外，“一方”或“各方”应为本合同的一方或各方；本合同的各方均包括其各自的继任者和获准的受让人；

（6）本合同中的条款标题仅为阅读方便，不作为对合同条款进行解释的依据；

（7）本合同中使用的“合同中”“合同内”“合同下”等语句及类似语句，其所指应为本合同的全部而并非本合同的任何特定条款；

（8）本合同的附录、附件为合同不可分割的组成部分，如同在本合同正文中被充分表述，除非本合同另有规定，对本合同章节、段落、条款和附录、附件的提及应视同为本合同该等部分的完整提及；

（9）如果未在［专用条款］中对通用条款内容作出特别约定，通用合同条款内容就视为双方真实意思的合意。

1.2　合同文件组成及优先解释次序

1.2.1　合同文件组成及优先解释次序

组成合同的各项文件应互相解释，互为说明。除［专用条款］另有约定，本合同的组成及优先解释顺序如下：

（1）合同协议书；

（2）专用条款及附件；

（3）通用条款；

（4）组成本合同的其他文件。

上述合同文件构成各方对本项目的理解，组成合同文件的各项文件将被认为是互作说明的，当合同文件的条款内容含糊不清或不一致，并且不能依据合同约定的解释顺序阐述清楚时，在不影响项目正常进行的情况下，由当事人协商解决，当事人经协商未能达成一致，根据第20条［争议解决］的约定解决。

1.2.2　完整的合同

合同订立及履行过程中，各方形成的、与合同有关的文件，包括合同当事人就该合同文件所作出的补充和修改，均构成合同文件的组成部分。任何修改、补充或变更只有以书面形式，由双方授权代表签字或加盖单位章方可生效并具约束力。

1.2.3　合同的可分割性

本合同中任何条款违法、无效或不能执行，或任何有管辖权的法院认定其不合法、无效或不能执行的，其他条款仍然合法、有效和可执行，且合同各方应针对违法、无效或不能执行的条款进行修改改造，使之合法、有效和可执行。

1.3　不限制政府方的行政权力

项目公司确认，除政府方作为合同一方当事人有权依本合同对项目公司实施的各项工作进行监督外，政府方的行政权力不受本合同影响。

但项目公司认为政府方作出的与本合同有关的行政行为侵犯其合法权益的，有权依法申请行政复议或向人民法院依法提起行政诉讼。

2　合同相关方

2.1　政府方

2.1.1　政府方基本情况

政府方基本信息见［专用条款］。

政府方发生调整的，本级人民政府应重新确定承继人的授权。对承继人的重新授权，不减轻或免除按照法律规定和本合同约定应当由政府方承担的义务。

2.1.2　政府方基本权利

（1）对项目公司履行有关法律、法规、规章和本合同的义务进行监督和管理；

（2）对项目公司安全生产、环保措施、设施质量等进行监管；

（3）依法监督投资计划、融资计划、建设进度计划和运营维护计划的执行情况，开展绩效考核等与本项目有关的监督管理工作；

（4）按照法律规定和本合同约定行使介入权；

（5）依法对本项目设计、投融资、建设、运营维护和移交等相关事项进行审计；

（6）有权按照法律规定和本合同约定解除本合同；

（7）除本合同另有约定外，出水的调度、使用以及经过处理后污泥或污泥产品的处置权应归属于政府方，未经政府方书面同意，项目公司不得擅自或委托第三方调度、使用出水以及处置经处理后的污泥或污泥产品；

（8）法律规定和［专用条款］约定的其他权利。

2.1.3　政府方基本义务

（1）始终遵守并促使遵守任何中华人民共和国及政府部门颁布的所有有关法律、法规和法令；

（2）遵循职权法定和依法行政等原则，诚实守信，履行本合同项下约定的义务，维护社会公共利益及公共安全；

（3）依法保持授予项目公司的特许经营权在合作期内有效；

（4）负责按照本合同第 6 条［前期工作］的约定完成前期工作，并按照双方约定的时间及方式向项目公司移交项目前期工作文件；

（5）应在其权限和管辖范围内取得应由政府方取得的审批文件和授权，并尽力协助项目公司及时获得设立项目公司以及工程建设管理必要的许可或批准；

（6）确保本项目的服务费纳入年度财政预算和中期财政规划，按照本合同约定开展绩效评价，并根据绩效评价结果及时、足额向项目公司支付服务费；

（7）不干预项目公司的建设、运营、维护及管理，但为保护社会公共利益或由法律及相关政策所要求的干预除外；

（8）行政区划调整、政府换届、政府相关部门机构或职能调整、法定代表人及负责人出现变更调整的，不影响政府方履行本合同；

（9）法律及［专用条款］规定的其他义务。

2.2　项目公司

2.2.1　项目公司基本情况

项目公司基本信息见［专用条款］。

2.2.2　项目公司基本权利

（1）按照本合同约定，在合作期内按照合同内容依法开展相应设计、投融资、建设、运营维护和移交等活动；

（2）按照合同约定享有本项目特许经营权；

（3）按照本合同约定获得经营收入或政府补助（如有）；

（4）［专用条款］约定的其他权利。

2.2.3　项目公司基本义务

（1）在行使和履行本合同项下的权利和义务时，始终遵守法律、法规和法令的要求；

（2）建立与本项目相适应的管理组织，对项目质量、安全、投资、进度和环境保护目标负责；

（3）按照本合同约定执行投资计划、融资计划、建设进度计划和运营维护计划，配合政府方开展绩效考核，取得本项目合作内容所需的审批许可；

（4）按照合同约定的目标、标准和要求履行本合同项下的义务，在整个合作期内连续、稳定、安全、可靠地处理污水，未经政府方书面同意，不得擅自停业或歇业，但本合同另有约定的除外；

（5）应本着普遍和无歧视的原则，接受合作范围内依法应纳管的污水。如项目公司发现排水户排放的污水不符合纳管标准，且经项目公司合理判断纳管可能导致对本项目污水处理厂造成重大损害的，则项目公司应立即采取相应的应急措施，并向政府方及有关部门报告；

（6）当出现进水水质和水量发生重大变化可能导致出水水质超标，或者发生影响污水处理设施安全运营的突发情况时，项目公司应当立即采取应急处理措施，并向政府方及相关行政主管部门报告；

（7）根据法律规定缴纳相关税费；

（8）合同履行过程中出现重大问题的，应当及时通知合同各方及相关方，并尽可能减少损失，避免损失扩大；

（9）按照本合同约定接受政府主管部门的监督检查；

（10）服从社会公共利益，履行对社会公益性事业应尽的义务和服务；

（11）项目公司拟利用本项目达标出水开展中水回用等经营性业务的或者对污泥进行资源化利用等处置行为的，必须报经政府方事先书面同意；

（12）［专用条款］约定的其他义务。

3　合作关系

3.1　项目运作方式

本项目采取“建设—运营—移交”的模式运作。

3.2　合作内容

3.2.1　授予特许经营权

政府方按照有关法律法规规定授予项目公司在合作期内独家的权利，以使项目公司进行设计、投融资、建设、运营维护和移交项目设施，并依约取得污水处理服务费及相关收入。

除另有约定，合作期内，非经政府方同意项目公司不得擅自就特许经营权及相关权益向任何第三方进行转让、出租、质押或其他任何处置。

3.2.2　合作范围

除［专用条款］另有约定，合作范围与投资协议规定的项目范围一致。

3.3　合作期限

3.3.1　合作期

除［专用条款］另有约定，本项目合作期为协议书中约定的期限，包括建设期和运营期。

满足以下任一种情形，项目合作期结束：

（1）项目合作期届满；

（2）根据本合同约定，项目提前终止。

3.3.2　合作期的顺延

除本合同另有约定，发生以下事件导致项目建设期已或将受到延误，项目公司可以按照本合同的规定要求延长合作期：

（1）因政府方违约导致项目公司延误履行其义务；

（2）因不可抗力事件导致延期；

（3）按规定发生变更；

（4）法律规定和［专用条款］约定可以顺延的其他情形。

3.4　排他性约定

除另有约定，政府方应确保本合同约定的特许经营权在整个合作期内不再授予其他人。

4　项目总投资及资产权属

4.1　项目总投资

4.1.1　项目总投资的构成

项目总投资指为完成工程建设并达到生产条件，在建设期内预计或实际投入的全部费用总和。除［专用条款］另有规定，本合同项下的项目总投资包括：

（1）直接用于工程建设、设备购置及其安装的工程费用；

（2）与土地使用权取得、整个工程项目建设以及未来生产经营有关的构成建设投资但不包括在工程费用中的费用，包括但不限于可行性研究费、勘察设计费、环境影响评价费、劳动安全卫生评价费、招标代理费、工程造价咨询费、联合试运转费、特殊设备安全监督检验费、市政基础设施建设费等；

（3）在建设期内因各种不可预见因素的变化而预留的可能增加的费用；

（4）按照规定，符合资本化条件的、在建设期内发生的为工程项目筹措资金的融资费用及债务资金利息；

（5）为保证投产后正常的生产运营所需的流动资金。

协议书中列出的项目总投资金额是对项目所需总投资及其构成进行的估计或概略计算。实际完成投资按本合同第7.6款［项目建设投资的确认］的规定进行确认。

4.1.2　投资计划

项目公司应在［专用条款］规定的时间内编制项目投资计划，提交政府方批准。投资计划应包括项目投资计划和年度投资计划，内容包括：

（1）计划实施工程的工作顺序，包括设计、采购、施工、安装和启动试运、竣工验收的各个阶段的预期时间安排；

（2）资金调度和使用计划；

（3）［专用条款］约定的其他内容。

除非政府方在收到投资计划后21日内向项目公司发出书面通知并指出其不符合合同约定的部分，否则项目公司即应按照该计划，并遵守合同规定履行其义务。政府方要求修改投资计划的，项目公司应当在收到书面通知后30日内完成修改并重新提交。

因工程变更或其他合同变更事项导致投资计划需要调整的，项目公司应在变更事件发生后30日内向政府方提交变更后的投资计划。

政府方有权依照投资计划对项目公司开展的与投资相关的活动实施监督，但政府方的批准不应减轻或解除项目公司在本合同项下的任何义务和责任。其他与投资计划有关的事项，合同各方可在［专用条款］中约定。

4.2　投资控制及监管

4.2.1　投资控制

除另有约定，项目公司应以协议书规定的项目总投资为目标，控制投资支出。

发生以下情形之一，并导致项目实际总投资超过协议书规定的项目总投资的，依法依规履行相应的批准程序后，按第7.6款［项目建设投资的确认］规定确认计入项目建设投资：

（1）政府方原因导致投资增加的；

（2）因国家政策调整、地质条件发生重大变化导致投资增加的；

（3）不可抗力事件导致投资增加的；

（4）［专用条款］约定的其他导致投资增加的情形。

4.2.2　投资监管

项目公司应建立、健全内部资金使用、财务核算和信息报告制度，按照规定向政府方和财政部门报送项目建设财务报表和投资计划执行情况，接受政府方和政府投资主管部门、财政部门等的监督管理。

政府方有权按照投资计划自行或聘请第三方对项目公司投资活动实施全过程监督管理，包括：

（1）项目资金筹集与使用；

（2）建设成本控制；

（3）工程价款结算；

（4）竣工财务决算的编报审核；

（5）资产登记、核算等；

（6）[专用条款] 约定的其他事项。

除 [专用条款] 另有约定，政府方实施上述监管行为产生的相应费用由政府方承担。

4.3　资产价值与权属

4.3.1　项目资产的构成

除 [专用条款] 另有约定，本合同项下的项目资产是指项目公司在合同履行过程中通过出资所形成的权益。包括：

（1）通过建设、购置并交付生产的、符合固定资产标准的各种房屋、建（构）筑物和设备等固定资产；

（2）购置并交付生产的、低于固定资产标准的各种工具、器具、家具等流动资产；

（3）购置并单独交付的土地使用权、专利权和专有技术等无形资产。

4.3.2　项目资产权属

项目公司在合作期内通过投资建设、购置形成的项目土地附着物、建（构）筑物、污水处理设施及设备等固定资产的所有权归属按 [专用条款] 中的约定。

项目公司依照法律和本合同约定对上述不动产享有占有、使用和收益的权利。

4.3.3　资产的使用限制

除另有约定，在整个合作期内，未经政府方同意，项目公司不得对项目资产进行抵押、质押、出租、出售或其他方式的处置。但为本项目融资目的，经政府方和财政部门同意，可以依法设置抵押、质押等担保权益。

4.3.4　出水的权属

本项目完成处理的出水的所有权和使用权归政府方所有。

5　项目融资

5.1　融资方案

5.1.1　一般约定

项目公司应依法筹集项目建设、运营和维护所必需的全部资金，并确保所需资金应当按照有关规定和本合同约定落实到位，并负责偿还债务。

项目融资资金仅限用于本项目，不得用于与本项目无关的其他经济活动。除因本项目的设计、投融资、建设、运营维护和移交之目的外，项目公司不得因任何其他目的进行融资。

5.1.2　融资介入

除［专用条款］另有约定，合作期内，发生项目公司违约事件且在限定时间内不能得到纠正，导致本合同目的无法实现的情况下，融资机构基于积极补救之目的，经政府方书面同意，可以自行或委托第三方介入项目公司的经营管理活动，但应符合以下条件：

（1）不得改变本项目的资产权属；

（2）不得影响本项目的正常运营；

（3）必须支付任何已知的未偿还债务；

（4）介入时间不超过［专用条款］的约定；

（5）［专用条款］约定的其他条件。

另外，融资机构的介入不限制政府方终止本合同的权利。

5.1.3　融资方案与融资计划

项目公司应按照［专用条款］约定的融资方案和融资计划依法开展融资活动，合理控制融资成本。

如果需要调整融资方案，项目公司须在［专用条款］约定的期限内连同调整后融资计划向政府方提交调整申请，并附保障措施和证明资料。政府方批准融资方案，不应视为对项目融资提供担保，也不应视为减轻或免除项目公司根据第5.4款［融资违约及处理］规定需要承担的违约责任。

政府方有权对融资方案执行情况进行检查和监督。除［专用条款］另有约定，在政府方提出检查要求的10日内，项目公司应提供其已做出并将维持的资金安排的合理证明。

5.2　融资交割和资金到位

5.2.1　融资交割和融资交割宽限期

项目公司应按［专用条款］约定时间和要求完成融资交割，并向政府方书面确认融资完成，并交付所有签署的融资文件的复印件，以及政府方可能合理要求的表明融资完成已实现的其他证明文件。

项目公司未能在［专用条款］约定时间内完成融资交割的，政府方可给予适当的宽限期，项目公司应在宽限期内完成融资交割。如果项目公司在宽限期届满仍未能完成融资交割，则构成项目公司融资违约，应按第5.4款［融资违约及处理］的规定承担相应的违约责任。

5.2.2　资金到位和融资宽限期

项目公司应按照政府方批准的融资方案和融资计划及时筹措资金，确保资金足额按时到位，满足项目建设、运营和移交的需要。

项目公司未能按照融资方案实现融资资金到位的，政府方可给予适当的宽限期，如果项目公司在宽限期届满仍未能落实资金，则构成项目公司违约，应按第 5.4 款［融资违约及处理］的规定承担相应的违约责任。

5.3　政府方提供的融资支持

除［专用条款］另有约定外，政府方为本项目融资提供如下支持：

（1）为达到本项目融资目的，项目公司可就其在本合同项下的收益权进行质押或转让，政府方在收到项目公司相关融资支持请求后应尽快协助配合，包括提供与项目融资有关的批复、证明、说明及相关文件等；

（2）为项目公司获得更优惠的融资贷款利率或其他优惠条件提供必要的协助配合。

5.4　融资违约及处理

因项目公司原因，未能按照第 5.2 款［融资交割和资金到位］的约定履行融资义务，即构成项目公司违约。因此造成项目建设延误和（或）费用增加应由项目公司承担，造成政府方损失的应由项目公司承担赔偿责任。

如果任何一期融资未能在第 5.2.2 项［资金到位和融资宽限期］确定的期限（包括宽限期）届满之日起 60 日内到位，致使本合同目的无法实现的，政府方有权根据第 18.1 款［政府方的终止］的规定终止本合同。

5.5　再融资

除［专用条款］另有约定，项目进入正常运营，已产生持续、稳定现金流的，在不影响项目运营的前提下，经政府方事先同意，项目公司可依法根据项目需求进行再融资。

项目公司进行再融资的，再融资的增信措施、相关协议权利义务安排、因融资增加的收益分配等事项，经双方协商一致签订补充协议。

6　前期工作

6.1　前期工作

6.1.1　前期工作内容

本合同项下的前期工作是指从项目的立项申请、可行性研究、初步设计到项目开工前所进行的一系列工作，包括但不限于：项目建议书、可行性研究报告、初步设计等工作环节的材料编制、招标、评估、审查、报送及相关工作。

政府方应负责完成［专用条款］约定的前期工作，并办理法律及相关政策规定的需由政府相关主管部门出具的各项许可、批准或备案。政府方为完成上述工作所发生的费用按照第6.1.4项［前期工作费用］的约定执行。

6.1.2 项目公司对前期工作的认识

本合同签订时，项目公司应被视为已按照有经验的投资人可以采取的合理技术和手段，了解了本项目前期工作的内容、现状、困难及其对本合同的影响。

如果第6.1.1项［前期工作内容］规定了应由政府方负责完成的前期工作，在合同签订时尚未完成，双方应在［专用条款］中约定最晚完成的日期。除此之外，项目公司不得就此类延误要求延长建设期。

6.1.3 剩余前期工作

除根据第6.1.1项［前期工作内容］规定应由政府负责的前期工作外，项目公司应按照法律、法规，以及工程建设基本程序要求完成全部剩余前期工作，并办理各项许可、批准或备案。

项目公司应在满足第7.1.2项［建设期］约定的前提下合理安排前期工作进度。政府方有义务协助配合，并为项目公司完成剩余前期工作提供支持，包括但不限于：

（1）协调相关部门和利益主体提供必要资料和文件；

（2）对项目公司的合理诉求提供支持；

（3）组织召开项目协调会。

6.1.4 前期工作费用

如果［专用条款］规定了政府方根据第6.1.1项［前期工作内容］规定完成的前期工作的费用需由项目公司承担，政府方应向项目公司提供一份详细的费用清单（包括已签订和已商定但尚未签订的合同或协议），并按第6.1.5项［前期工作成果移交］规定的时间将所有相关合同和协议移交给项目公司。政府方有义务将其与第三方已签订但未履行完毕的协议项下的权利和义务转让给项目公司，并负责取得合同相对方的同意。

项目公司应对政府方的前期工作和各项委托合同予以认可，并按各项合同规定按时支付前期工作费用。其中，政府方已支付的前期费用，由项目公司直接支付给政府方。根据第6.1.3项［剩余前期工作］约定由项目公司负责完成的剩余前期工作，其费用由项目公司自行承担。

除法律和［专用条款］另有规定，上述由项目公司承担的全部前期工作费用按规定计入建设投资。

6.1.5 前期工作成果移交

除［专用条款］另有约定，政府方应当在本合同生效后30日内，将已经取得的前期工作成果（包括已取得的现场地下、水文条件及环境方面的所有有关资料）及相关合同和协议移交给项目公司。

项目公司发现前期工作存在问题的，应在［专用条款］约定的期限内通知政府方，同时提出合理建议，以促进合同履行和减少损失。

6.1.6 前期工作遗漏、缺陷或错误的处理

除非合同另有约定，前期工作存在遗漏、缺陷或错误的，由负责该项前期工作的一方负责补充、修正和改正，另一方有义务协助配合，由此产生的费用由各自承担。

因前期工作存在的遗漏、缺陷或错误导致项目延期的，合同各方协商建设期和运营期期限顺延事项（根据第 6.1.2 项［项目公司对前期工作的认识］的规定不予延长的情形除外）；导致本合同目的无法实现的，任何对此不应负有责任的一方有权解除本合同。

6.2 项目用地

6.2.1 项目用地取得

政府方负责按照［专用条款］约定的时间、方式和范围，依法向项目公司提供本项目需要使用的全部土地。除［专用条款］另有约定，项目公司应承担为取得以及合理使用上述用地的一切合理费用，包括依法应缴纳的各项税费。

项目公司已查看污水厂项目场地，充分了解该等土地及其周围的状况，包括现状土方、地下土壤状况、通道和设施关联物。项目公司接受该等土地的现状（包括地下土层条件），并且项目场地的状况适于为本协议项下的目的使用。

如果政府方未能完成上述工作造成项目公司不能及时履行其义务，并导致该项工程开工延误或被迫停工，项目公司可根据第 7.3.3 项［延期的提出与批准］的规定要求延长建设期，并顺延项目合作期。造成项目公司损失的，政府方应负责赔偿。

6.2.2 土地使用的权利和限制

项目用地仅限用于本项目，项目公司在合作期内对项目用地享有占有、使用的权利，有权利用该土地依法建设建（构）筑物及其附属设施，但不得损害或者破坏周围环境或设施。

未经批准，不得改变土地用途，不得擅自转让、出租，也不得在项目土地使用权上设置任何权利负担和其他权利限制，包括任何种类的抵押、质押等担保权益或其他权利。

6.2.3 征地、拆迁和安置

政府方应按照第 6.2.1 项［项目用地取得］约定的时间和标准向项目公司交付土地，完成进场道路、用地许可、拆迁及补偿等工作，保证项目公司能够按时进入现场开始准备工作。

除［专用条款］另有约定，政府方未按上述约定提供项目需要使用的全部土地，影响项目建设的，视为第 7.3.3 项［延期的提出与批准］第（4）目规定的延误原因，项目公司有权要求延长建设期，项目合作期应相应顺延；如果政府方延迟提供项目用地超过 180 日，导致本合同目的不能实现的，项目公司有权解除本合同。

6.3 工程设计

6.3.1 一般约定

项目公司应依法选择具备相应设计资质和能力的单位承担本项目的设计工作，并对设计的质量和进度负责。除［专用条款］另有约定，依法应当招标的，项目公司应当招标选择设计单位。

6.3.2 设计范围

合同各方应视具体情况在［专用条款］中详细约定需由项目公司负责完成的设计范围。

6.3.3 设计标准和要求

设计文件符合法律以及国家、行业和地方的规范和标准的强制性规定，并满足政府方在［专用条款］中提出的要求。各项规范、标准和政府方要求如对同一内容的描述不一致时，应以相对更严格的要求为准。

设计应当进行限额设计，设计文件的内容和深度应符合国家和行业现行规定。

项目公司应将采购纳入设计控制程序，设计过程、进度安排、主要控制点、设计质量应符合设备材料采购、施工及试运营的接口要求。

除［专用条款］另有约定，设计人完成设计工作所应遵守的法律规定、国家、行业和地方的规范和标准，均视为在基准日适用的版本。基准日之后，前述版本有修改或有新的标准生效，项目公司应通知政府方，并提出合理化建议。构成变更时，应按照第7.4款［工程变更］的规定执行。

6.3.4 设计文件的审查和批准

设计完成后，项目公司应将设计文件报政府方审查，合同各方可以在［专用条款］中约定具体的审查范围、内容和标准。但政府方对工程设计文件的审查，不减轻或免除项目公司依据法律和本合同约定应当承担的义务。

除［专用条款］另有约定外，政府方自收到设计文件之日起21日内完成审查，如有异议应书面通知项目公司，说明不符合合同要求的具体内容，否则视为设计文件已获政府方同意。政府方审查同意后，项目公司应向政府有关部门报送工程设计文件。

因项目公司原因造成设计文件不合格致使审查无法通过的，政府方有权要求项目公司和设计人采取补救措施，直至达到合同要求的质量标准，由此造成的开工延误和（或）费用增加，由项目公司承担。

因政府方原因造成工程设计文件不合格致使审查无法通过的，造成的开工延误和（或）费用增加，项目公司有权要求顺延建设期，增加的费用应计入项目建设成本。

6.3.5 设计变更

政府方变更工程设计的内容、规模、功能、技术标准等，应当向项目公司提供书面要求，项目公司应组织设计人在不违反法律规定以及技术标准强制性规定的前提下按照政府方要求变更工程设计。由此造成的开工延误和（或）费用增加，项目公司有权要求顺延建设期，增加的费用应计入项目建设成本。

6.3.6　设计错误

如果在项目公司负责完成的工程文件中发现有错误、遗漏、含糊、不一致、不适当或其他缺陷，尽管政府方根据本条作出了任何同意或批准，项目公司仍应自行承担费用对这些缺陷及其带来的工程问题进行修复、弥补、纠正和完善；造成进度延误时，应自行承担费用并采取措施弥补。

7　工程建设

7.1　一般约定

项目公司应依法选择具备相应资质和能力的单位承担本项目的工程建设工作，并对工程建设的质量和进度负责。除［专用条款］另有约定，依法应当招标的，项目公司应当招标选择工程建设单位。

7.1.1　建设内容

项目公司应当按照投资主管部门或者其他有关部门批准的建设地点、建设规模和建设内容实施，并达到本合同第 7.1.3 项［建设标准和要求］的要求。

除［专用条款］另有约定，建设内容应包括设计文件范围内的，以及为工程的稳定，或完成，安全和有效运行所需的所有工作。

7.1.2　建设期

除［专用条款］另有约定，本项目建设期自本协议签署生效之日起，至项目正式运营之日止，包括项目前期工作、施工建设和调试、试运营。

7.1.3　建设标准和要求

项目公司应确保项目建设符合中国的施工质量、安全生产和环境保护方面的法律，以及［专用条款］中提出的适用的其他标准。所有这些关于工程和其各单位工程的法规，应是根据第 7.5 款［调试与验收］的规定进行竣工验收时适用的。

除非另有约定，本合同中提到的各项标准，应视为在基准日适用的版本。如果在基准日后，上述版本有修改或有新的标准生效，项目公司应通知政府方，并提出合理化建议。如果：

（1）政府方确定需要遵守，并且

（2）遵守新标准构成一项变更时，应按照第 7.4 款［工程变更］的规定执行。

7.2　建设义务

7.2.1　政府方提供的建设条件

除［专用条款］另有约定，政府方应向项目公司提供下列条件：

（1）按照第 6.2.1 项［项目用地取得］的约定提供项目用地；

（2）连接项目用地与现有的公共道路的永久性道路；

（3）到达项目用地规划红线的配套基础设施，包括电力、供水、排水、天然气；

（4）［专用条款］约定的应当由政府方提供的其他条件。

7.2.2 政府方负责协调的事项

除［专用条款］另有约定，政府方应负责：

（1）协调与项目征地、拆迁安置、土地使用等有关的扰民和其他社会干扰事项；

（2）与本项目建设有关的依法需要组织听证或依法公示事项；

（3）［专用条款］中约定的应由政府方负责协调的其他事项。

7.2.3 项目公司的建设义务

项目公司应按以下要求完成工程建设义务：

（1）按照法律规定和本合同的约定及时申请并取得项目建设所需的许可和审批文件，并保证其持续有效；

（2）依法选择施工总承包单位、设备安装单位、调试单位、勘察设计单位以及重要设备和材料供应单位等；

（3）组织各参建单位按现行的国家法律、法规和强制性标准以及本工程的批准文件和本合同要求对工程建设进行全过程质量控制；

（4）积极配合并接受政府方及政府其他相关部门或其委托机构的监督检查；

（5）按合同约定及时组织竣工验收；

（6）组织责任单位或有关单位处理考核期内机组的非施工问题；

（7）［专用条款］约定的其他义务。

7.3 计划与延期

7.3.1 建设进度计划

项目公司应在计划开工日 15 日前向政府方提交一份详细的进度计划。每份进度计划应包括：

（1）项目公司计划实施工程的工作顺序，包括基础施工、结构施工、设备安装，以及启动试运等工程各主要阶段的预期时间安排；

（2）根据合同规定的任何其他提交、批准和同意的期限；

（3）合同中规定的各项检验和试验的顺序和时间安排；

（4）［专用条款］约定的其他内容。

进度计划应符合合同协议书的约定。除非政府方在收到进度计划后 21 日内向项目公司发出通知，指出其不符合合同规定的部分，项目公司即应按照该进度计划，并遵守合同规定的其他义务进行工作。政府方应有权依照该进度计划来安排他们的活动。

如果任何时候政府方通知项目公司，指出进度计划不符合合同要求，或与实际进度和项目公司提出的计划不一致时，项目公司应按照本款向政府方提交一份修订的进度计划。

除［专用条款］另有约定外，建设进度计划需要调整的，项目公司应向政府方提交修改后的建设进度计划，政府方应在收到建设进度计划 30 日内批复。政府方认为需要修改的，项目公司应当在收到批复后 30 日内完成修改并重新提交。

政府方有权获取建设进度计划及其他项目相关资料。

7.3.2　开始建设

项目公司应按照投资计划，在合理可能情况下尽早开始工程建设，随后应以正当速度，不拖延地进行工程。合同各方可以在［专用条款］确定开始建设的具体日期和要求。

监理工程师签发允许开工指令之日为实际开工日期。

因政府方原因和不可抗力原因导致开工日期延误的，可视为根据第 7.3.3 项［延期的提出与批准］规定的延误原因，竣工日期应相应顺延；因项目公司原因导致开工日期延误的，项目公司需说明正当理由，并自费采取措施及早开工，竣工日期不予延长。

除［专用条款］另有约定，项目竣工验收前，项目公司应每季度向政府方提交一份项目进度报告，报告的内容应包括：

（1）采购、施工、安装、调试等每一阶段进展情况的图表和详细说明；

（2）资金使用情况；

（3）可能影响按期竣工的任何事件或情况的详情，以及为消除延误正在（或准备）采取的措施。

7.3.3　延期的提出与批准

项目公司应在合同协议书规定的建设期内，完成第 7.1.1 项［建设内容］约定的、符合竣工验收要求的全部工作。

建设过程中，因不可归责于项目公司的下列事件致使合同约定的计划竣工日期受到或将受到延误的，项目公司有权提出延长建设期：

（1）合作内容或项目建设范围变化；

（2）政府方提出或批准的工程变更；

（3）发生不可抗力事件；

（4）由政府方、政府方人员造成或引起的任何延误、妨碍或阻碍；

（5）［专用条款］约定的其他可以延期的原因。

除［专用条款］另有约定，如果项目公司认为其有权提出延长建设期，应在延误事件发生后 30 日内向政府方发出通知，详细说明：

（1）造成延误的原因及影响程度；

（2）根据本合同条款，有权获得延长期的原因；

（3）证明预计的竣工日期已被延误，且项目公司已经尽可能采取合理措施降低延期影响。

政府方应在收到项目公司通知后30日内，决定是否同意延长建设期，并书面回复项目公司。政府方同意延期的，回复中应包括批准的延期期限。政府方在收到项目公司通知后30日内未回复的，视为同意项目公司的延期要求。

7.3.4　误期损害赔偿

因项目公司原因，造成工程竣工日期延误的，项目公司应承担误期损害赔偿责任。每日延误的赔偿金额及累计的最高赔偿金额在［专用条款］中约定。政府方有权从履约保函中扣除赔偿金额。

除在工程竣工前根据第18条［合同终止和补偿］的规定终止的情况外，这些误期损害赔偿费应是项目公司为此类违约应付的唯一损害赔偿费，且赔偿总额不得超过［专用条款］中规定的误期损害赔偿费的最高限额（如有）。这些损害赔偿费不应解除项目公司完成工程的义务，或合同规定的其可能承担的其他责任、义务或职责。

除［专用条款］另有约定，因项目公司原因造成建设进度延误超过180日，导致本合同目的无法实现的，政府方有权解除合同。

7.4　工程变更

7.4.1　政府方提出的工程变更

建设期内，政府方有权提出工程变更，以书面形式发出变更指令。

由政府方批准并发出的书面变更指令，属于变更。

项目公司对由其完成的设计、采购、施工、竣工试验、竣工后试验存在的缺陷，应自费修正、调整和完善，不属于变更。

除［专用条款］另有约定，政府方提出变更的，应按照本款约定进行变更：

（1）政府方应以书面形式通知项目公司工程变更，项目公司在收到政府方的通知后30日内作出书面回复，说明实施该变更对建设投资和建设期的影响并可按第7.4.2项［合理化建议］提出合理化建议。

（2）政府方应在收到项目公司回复后30日内书面回复项目公司，不同意项目公司意见的，应说明不同意理由。

7.4.2　合理化建议

未经政府方批准，项目公司不得改变已经批复的设计文件确定的建设标准和规模。

项目公司可向政府方以书面形式对已经批复的设计文件提出合理化建议，说明实施该合理化建议对建设费用和建设期的影响。除［专用条款］另有约定，政府方应在收到合理化建议后30日内向项目公司发出不采纳、采纳或补充进一步资料的书面通知。

项目公司提出的合理化建议经政府方书面同意后方可实施，由此导致建设投资变化的，由政府方承担。

7.4.3 法律变化或客观条件变化引起的工程变更

因法律变化或客观条件发生重大变化，需要变更建设标准和要求的，项目公司应向政府方提出变更方案，变更方案应包括：变更的原因、范围、价款，以及对本项目实施的影响等内容，经政府方批准后实施，由此增加的费用由政府方承担。

项目公司擅自变更建设标准和要求导致项目建设投资增加的，增加的费用由项目公司自行承担。

7.5 调试与验收

7.5.1 调试

项目公司应按照［专用条款］的约定组织污水处理设施的调试和功能测试。

7.5.2 调试大纲

项目公司在发出书面通知后的 15 日内，应向政府方提交 10 份包括以下内容的调试大纲：

a）调试步骤及目的；

b）性能测试内容；

c）进水需求计划；

d）测试组织与计划。

7.5.3 测试通知

当污水厂所需的全部设备及设施安装完毕、进入系统调试与性能测试阶段时，项目公司应至少提前 10 个工作日向政府方发出书面通知，告知预计开始进行相应测试的日期。政府方在收到上述通知后，可派代表参加由项目公司按照本协议和适用法律组织进行的测试的全部过程。如果政府方在收到上述书面通知后书面拒绝或未参加测试，则测试可于通知的时间在政府方代表缺席的情况下进行。

7.5.4 不合格的处理

如果功能测试不合格，项目公司应采取所有必要的改正措施补救不合格的情况，并应至少提前 5 个工作日向政府方发出书面通知，再次组织功能测试。

项目公司应对因不合格而导致的费用增加和进度延误承担全部责任。

7.5.5 法定验收

项目公司应当在适当的时间进行污水处理设施的验收，并通过省、市政府有关部门就污水处理设施的消防、电力、规划等专项组织的验收。

如因污水处理设施存在某一方面的瑕疵导致未通过验收，项目公司应当根据有关部门的验收意见及时采取措施予以整改或完善，并再次组织相关验收，直到通过该等验收为止。

7.5.6　验收通知

项目公司应当在有关验收开始前至少7个工作日向政府方发出书面通知，告知验收项目和验收开始的时间。政府方在收到上述通知后，应派代表参加有关验收。

政府方收到上述通知后未能派代表参加有关验收，不影响该等验收的效力。

7.5.7　验收合格报告

项目公司应当在省、市有关职能部门的验收报告出具之日起5个工作日内，提交该等验收报告的一套完整复印件给政府方备案。

7.5.8　环保验收和竣工验收

项目公司应在污水厂试运营期内组织并通过环保验收。

项目公司应在污水厂具备竣工验收条件后，在验收开始前至少7个工作日向政府方发出书面通知，告知验收开始的时间。政府方在收到验收通知后，应派代表参加有关验收。政府方收到上述通知后未能派代表参加有关验收，不影响该等验收的效力。项目公司应在竣工验收合格15日内，将竣工验收报告及工程相关资料（含工程建设过程中的影像资料）报政府方办备案。

7.5.9　验收标准

污水厂施工及验收应满足项目招标文件的技术要求、［专用条款］约定的相关质量标准和要求。

污水厂应满足环境影响评价批复意见要求达到的环保验收标准。

合同各方可以在［专用条款］约定分阶段验收、分部分项验收、行业验收的程序及验收标准和要求。

7.5.10　责任和义务

项目公司应对工程设计、施工、设备安装和调试、启动试运及竣工验收全面负责。

政府方检查本项目的全部或部分以及出具验收确认文件的行为，不减轻或免除项目公司在项目建设中对缺陷或延误所应承担的义务或责任。

7.6　项目建设投资的确认

7.6.1　项目建设投资的计价与确认

项目公司应当根据批准的项目概算，严格控制建设投资的范围、标准和支出责任。建设投资的计价与确认按［专用条款］的约定执行。

7.6.2　过程确认

各方按照法律规定和本合同在项目建设过程中对项目建设投资进行过程确认。过程确认的方式、依据、期限等内容由合同各方在［专用条款］中约定。

政府审计机构依法对本项目进行审计的，项目公司应予以必要的配合。

7.6.3　最终确认

除非［专用条款］另有约定，项目公司在项目试运营结束后6个月内编报竣工财务决算，并报政府方和财政部门审核。政府方和财政部门应当在 6 个月内完成审核和批复。

项目公司对审核调整事项有异议的，可就有异议的部分，向政府方和政府有关部门申请咨询后协商处理，不能达成一致的，按合同第 20 条［争议解决］的约定处理。

如果因项目公司自身原因，在开始商业运营日后 360 日内，没有完成竣工决算，政府方将停止支付污水处理服务费。如因非项目公司原因，未能在开始商业运营日后 360 日内完成竣工决算，期限予以相应顺延。若延长后项目公司还未完成竣工决算，则政府方将停止支付污水处理服务费。

7.6.4　项目建设投资确认结果的使用

除［专用条款］另有约定，项目建设投资未经确认前需支付污水处理服务费的，暂按合同协议书规定的污水处理费价格进行结算。项目建设投资经确认后，按第 11.2 款［服务收费价格及调整］的规定调整污水处理服务费价格，并对之前已支付的污水处理服务费进行修正。

7.7　建设期监管

除［专用条款］另有约定，建设期内政府方监管按照以下约定执行：

（1）政府方应在项目公司成立后 30 日内，向项目公司送达监管计划，明确建设期监管主体、内容、方法、程序等事项。

（2）政府方有权检查工程进度及工程质量履行情况。

（3）政府方发现施工存在质量缺陷的，有权要求项目公司停止建设并整改，直至符合标准，由此造成建设进度延误的，延误的期限和造成的损失由项目公司承担。

（4）政府方有权聘请具备相应资格的第三方机构对竣工结算和竣工财务决算有关的事项进行审核，项目公司应予以配合，前述费用由政府方承担。

政府方对工程项目的监督和检查，不视为政府方放弃其在本合同项下的任何权利，也不能免除项目公司在本合同项下的任何义务。

7.8　建设期违约及处理

7.8.1　政府方违约情形及处理

建设期内发生下列情形并导致工程延误的，视为政府方违约：

（1）政府方未按约定提供建设条件；

（2）政府方无正当理由要求停止建设；

（3）［专用条款］约定的其他违约情形。

政府方发生本条约定的违约情形的，项目公司有权向政府方发出书面通知要求其改正，政府方未在规定期限内予以改正的，按照［专用条款］的约定承担违约责任。

7.8.2　项目公司违约情形及处理

建设期内发生下列情形，视为项目公司违约：

（1）因管理不善、组织不力等，影响项目公司正常施工，导致建设进度延误或工程质量标准降低的；

（2）［专用条款］中约定的其他违约情形。

项目公司发生本条约定的违约情形的，政府方有权向项目公司发出书面通知要求其改正，项目公司未在规定期限内予以改正的，按照第7.3.4项［误期损害赔偿］的约定承担违约责任。

项目公司出现下列情况，视为已放弃本项目，政府方有权根据第18.4.1项［终止意向通知］的约定发出终止意向通知：

（1）书面通知政府方其已终止工程建设，且不打算重新开始施工；

（2）未能在约定的开工日（包括根据第7.3.3项［延期的提出与批准］予以延长的时间）后90日内开始建设；

（3）在建设期内，停止建设工程或者直接或通过建设承包商从污水厂项目场地撤走全部或大部分的工作人员，但因在建设工程停止之日后60日内更换建设承包商的除外。

如果本项目根据上述约定被放弃或被视为放弃，则政府方有权全额提取履约保函。政府方提取履约保函的权利不影响其在第18.1款［政府方的终止］项下终止本合同的权利。

8　运营和服务

8.1　一般约定

8.1.1　运营维护范围

除［专用条款］另有约定，项目运营维护范围与第3.2.2项［合作范围］规定的范围一致。

8.1.2　运营维护期限

除［专用条款］另有约定，运营维护期自第8.3.1项［试运营］规定的开始试运营日起至项目合作期届满。

8.1.3　运营维护标准和要求

在整个运营期内，应将污水达标处理作为首要任务，根据下列规定运营并维护项目设施，确保项目设施能够连续、安全、稳定地处理污水。

（1）适用法律，以及本项目有关批准文件的要求的质量保证、质量控制和安全生产的要求；

（2）经政府方审核确定的运营维护方案和运营维护手册；

（3）谨慎运营惯例；

（4）设备制造商提供的说明手册和指导；

（5）［专用条款］中约定的其他要求。

项目公司应根据本合同要求及国家的有关规定，采取一切合理措施确保污水处理过程中废气、噪声的产生和排放满足国家、地方相关标准及本项目环评批复要求。

8.1.4　运营维护计划

除［专用条款］另有约定，项目公司应在运营期第一个月内向政府方提交第一个运营年的设施设备大中修（更新）计划，之后每个运营年的 9 月 30 日之前向政府方提交下一运营年的设施设备大中修（更新）计划，并按照运营维护手册做好项目设施的日常维护和大修，确保全部设备和构筑物的完好率达到 90% 以上，主要工艺设备的完好率达到 96% 以上，无备用的工艺设备完好率达到 98% 以上。

项目公司应根据环境保护主管部门下达的主要污染物减排项目年度计划，制定详细的减排措施，按月进行动态分析比较，做到及时调整，确保完成减排任务。

8.1.5　报告制度

项目公司应根据［专用条款］约定的技术标准规范及其他有关法律法规的规定履行报告义务，包括但不限于本协议第 8.1.5 项［报告制度］约定的内容。

项目公司应按照本协议的约定，按政府方的要求如实向其履行如下报告义务，包括但不限于以下内容：

（1）日常运营报表，分为月报、季报、半年报和年报；

（2）临时报告；

（3）政府方合理要求的其他运营资料。

以上报告具体内容、表式及上报时间由政府方根据监管的需要予以确定，由政府方驻厂代表负责签收，驻厂代表根据政府方的要求负责对项目公司的履约监管。

日常运营报表的内容应包括：

（1）运营成本；

（2）运营维护手册中日常运营维护的内容。包括但不限于污水处理厂进水量、出水量、进出水质、泥质及污泥量、污泥处理、设备运转率、设备完好率、设备检修情况、限停产记录、事故抢修等数据。

项目公司应于次月的前 10 个工作日内向政府方提交月报，季报应于每个季度结束后前 10 个工作日向政府方提交，半年报应于每个运营年的 7 月 31 日之前和次年的 1 月 31 日之前提交给政府方，年报应于次年的 3 月 31 日之前提交给政府方（最后一个运营年的半年报和年报是否需提交以及提交的时点由政府方视情形而定）。

发生特殊或紧急情况（包括但不限于发生不可抗力、发生事故、水质/污泥超标、未能或将不能按批准的计划方案进行暂停）时，项目公司应提交临时报告。

8.2　运营维护义务

8.2.1　项目公司的主要义务

（1）在整个运营期内，项目公司应根据 PPP 项目合同的约定，运营、管理和维护污水厂及其辅助设施，确保项目设施的安全、高效、稳定运营，承担相应的成本、费用、责任和风险。

（2）从运营交接日起，项目公司应每年365日（闰年366日）从接收点连续接收污水（本协议第8.9.1项［计划内暂停服务］下的计划内暂停期间除外），将接收的污水处理达到本协议第8.5.3项［出水水质标准］下约定的出水水质标准后，排放至交付点。

（3）项目公司应确保在整个合作期内，始终根据下列规定运营并维护项目设施：

1）本合同的约定；

2）［专用条款］约定的技术标准规范等适用的相关技术规程；

3）运营维护手册以及与项目设施有关的设备的制造商提供的一切有关手册、指导和建议；

4）适用法律；

5）谨慎运营惯例，除非另有规定。

（4）遵守安全标准和环境保护的责任：

1）项目公司应始终遵守有关公共卫生和安全的适用法律法规及本协议的约定，确保项目设施的安全运营；

2）项目公司不应因污水厂的运营和维护而造成污水厂场地（包括土壤、地下水、地表水及空气）或周围环境的环境污染；

3）项目公司在污水厂项目设施的运营和维护期间应采取一切合理措施来避免或减少对项目设施周围建筑物和居民的干扰；

4）但对生效日前已经存在的或潜在的，因第三方的作为或不作为引起的，或者政府方导致的环境污染及安全隐患，项目公司不承担责任。

（5）［专用条款］约定的其他条件。

8.2.2　政府方的主要义务

政府方应确保整个合作期内：

（1）为项目公司在接收点提供符合本协议第8.5.1项［进水水质标准］下约定的污水进水，并在交付点接收处理后的污水出水；

（2）在项目公司按照本协议的条款和条件足额、达标提供污水处理服务后，按本协议第11条［合同价格与付款］及时向项目公司支付污水处理服务费；

（3）按照本协议第11.2款［服务收费价格及调整］的约定，会同价格等主管部门对本协议项下的污水处理价格进行调整；

（4）［专用条款］约定的其他条件。

8.3　试运营和正式运营

8.3.1　试运营

除［专用条款］另有约定外，污水处理设施调试成功且通过本协议第7.5款［调试与验收］的法定验收后，项目公司应向政府方发出开始试运营的申请，告知污水处理设施调试计划的实施情况、调试阶段内的运营日报表、预计的开始试运营的日期，并提交能够说明项目已具备开始试运营条件的书面材料，开始试运营日以政府方同意的日期为准。项目公司发出开始试运营通知前 3 日，污水厂出水水质标准需持续满足本协议第 8.5.3 项［出水水质标准］下的标准。

除［专用条款］另有约定外，本项目试运营期计划为 3 个月，项目公司自行承担试运营期间的相关费用。由于项目公司原因需要延长试运营期的，项目公司需报政府方同意，延长后试运营期最长不得超过一年，项目公司自行承担由此造成的一切费用和损失。由于项目公司原因导致试运营期延长的，本项目合作期不予延长。

8.3.2　正式运营

除［专用条款］另有约定，同时满足下列条件时，项目公司应至少提前 7 个工作日向政府方发出开始商业运营的书面通知申请，并提交能够说明项目设施已具备开始商业运营条件的书面材料。

（1）整体竣工验收合格，非项目公司原因导致本条件无法满足的除外；

（2）按本协议第 7.5.8 项［环保验收和竣工验收］下的约定通过环保验收，非项目公司原因导致环保验收未通过的除外；

（3）在提交开始商业运营申请前污水厂出水水质连续 30 日（特殊情况下，连续七日每日所有检测结果均达标）满足第 8.5.3 项［出水水质标准］下的标准，出水水质以政府方委托的第三方机构检测结果为准，项目公司承担检测费用；

除［专用条款］另有约定，政府方应自接到开始商业运营申请之日后 7 个工作日内书面通知项目公司是否同意其开始运营以及开始运营的确定日期，如果不同意须同时书面陈述理由。政府书面同意开始商业运营之日。

项目公司在收到政府方不同意开始运营的书面通知后，应按照政府方的意见，尽快纠正其存在的问题，并按照前述约定重新申请开始运营。如政府方未于前述期限内发出同意或不同意的书面通知，视为同意项目公司开始运营。

8.3.3　运营缺陷

本款下的运营缺陷是指项目运营不符合法律规定或本合同约定的运营维护标准和要求，包括瑕疵、错误、遗漏和障碍等。除［专用条款］另有约定，运营期存在运营缺陷的，项目公司应当在发现缺陷后的 15 日内通知政府方，并尽快编制修复方案报政府方批准后执行。

8.4　运营维护手册

8.4.1　运营维护手册的编制

在开始商业运营日之前，项目公司应根据适用法律和谨慎运营惯例编制污水厂的运营维护手册并提交政府方，经政府方同意后遵照执行。

项目公司在运营期内应根据污水厂运营和维护的实际情况随时对运营维护手册进行修改、补充和完善，并经政府方同意后遵照执行。

8.4.2 运营维护手册的内容

（1）运营维护手册应包括污水厂的定期和年度检查、日常运营维护、大修、更新重置的程序和计划，以及调整和改进检验及维护安排的程序和计划，并制订应对突发事件的应急服务预案；

（2）运营维护手册应包括项目运营管理组织机构和人员配置及其调整，有关工艺、设备设施、安全、环境管理的管理制度和要求，工艺、设备设施的操作、维护规程和运营控制及质量保证措施；

（3）运营维护手册应列明污水厂正常运营所需的消耗性备品备件和事故抢修的备品备件；

（4）运营维护应符合本项目适用法律和中国国家行业规范、标准的要求，保障污水处理厂正常运营的生产管理制度、安全生产制度、水质检验制度；

（5）由合同各方在［专用条款］中约定的内容。

8.5 水质与污泥

8.5.1 进水水质标准

项目设施接收点的进水水质主要指标由合同各方在［专用条款］中约定。

8.5.2 进水水质超标

除［专用条款］另有约定，在合作期内某一运营日若进水中除pH值以外的任何一种进水主要水质指标超过本合同第8.5.1项［进水水质标准］下规定的进水水质标准10%以内（含10%），视为此种超标在污水处理设施正常处理范围之内，项目公司有义务保证出水水质符合本合同第8.5.3项［出水水质标准］下规定的出水水质标准。

（1）如进水中除pH值以外任何一种进水主要水质指标超过本合同第8.5.1项［进水水质标准］规定的进水水质标准10%以上：

1）项目公司有义务保证出水水质符合本合同第8.5.3项［出水水质标准］规定的出水水质标准，因此导致项目公司增加资本性支出或运营成本的，政府方将予以补偿，具体补偿方式和金额由双方协商解决；

2）如进水水质中任何一种进水主要水质指标连续3个月超过本合同第8.5.1项［进水水质标准］规定的进水水质标准10%以上，政府方应与环保行政主管部门及时依据项目公司的报告核实情况，如情况属实应启动应急预案，与项目公司就修改出水水质标准、工况调整、设备改造及有关的费用或修改进水水质标准进行协商，并进行环境影响评估报上级主管部门批复备案。如在协商期间，进水水质恢复至本合同第8.5.1项［进水水质标准］规定的标准，则双方应按原规定执行。

（2）若进水水质的 pH 值小于 5 或大于 10，或发生主要污染物指标严重超标，或出现重金属等有毒有害物质含量过高等对污水处理设施生化系统可能产生破坏的严重污染情况：

1）项目公司应立即将该等进水水质严重超标情况通知政府方和环保行政主管部门，并根据有关技术要求停止进水或减量处理；

2）政府方应会同环保行政主管部门按照污水处理行业普遍的业务规范和操作规程对本条款项下进水水质严重污染的情况进行鉴定，以判断项目公司是否以谨慎运营的原则采取了适当的措施；该鉴定证明项目公司适当采取了停止进水或减量处理的措施的，政府方应当免除项目公司在进水水质严重超标期间及生化系统恢复至正常期间的处理水量不足处理违约金。

8.5.3　出水水质标准

本项目污水处理厂出水水质标准由合同各方在［专用条款］中约定。

8.5.4　出水水质超标

自开始商业运营日起至合作期满止的期间内任一运营日，任何一种出水水质指标超过本协议第 8.5.3 项［出水水质标准］约定的标准，则视为该运营日出水水质超标。出水水质超标，项目公司除应承担本协议项下的责任，还需承担在适用法律或第三方协议项下应承担的其他责任，包括环保部门根据适用法律的规定进行的处罚。出水水质超标在本协议项下的处罚机制在［专用条款］中约定。

8.5.5　处理量不足

正常运营期间（即不可抗力、计划内暂停、计划外暂停、异常进水期间除外）的任一运营日，政府方根据实际进水水量对实际处理水量进行校核，若实际处理水量小于实际进水水量的 95%，且实际进水水量不大于最大负荷系数，则项目公司需承担该日处理水量不足的违约金，违约金计算标准在［专用条款］中约定。

计划内暂停期间的任一运营日，若实际处理水量小于日设计处理能力的 50%（非项目公司原因导致的除外），则项目公司需承担该日处理水量不足的违约金，计划内暂停期间的违约金计算标准在［专用条款］中约定。

由于项目公司原因导致污水厂发生计划外暂停，在计划外暂停期间的任一运营日，若实际处理水量小于日设计处理能力，则项目公司需承担该日处理水量不足的违约金，计划外暂停期间的违约金计算标准在［专用条款］中约定。

8.5.6　污泥处置

除非［专用条款］另有约定，项目公司负责将污水厂产生的污泥脱水至含水率满足［专用条款］的要求后运送至政府方指定的集中处理处置地点，污泥运输费用和运输车辆购置费用由项目公司承担。

8.6 水质检测

8.6.1 在线监测

在本项目污水厂开始试运营之前，项目公司应在双方共同确认的进水水质检测点和出水水质检测点处安装在线监测设备（包括数据采集仪）。在线监测设备的采购规格和质量应满足环境保护主管部门的要求，且通过环境保护主管部门的检查。在线监测数据应稳定可靠地上传至政府方和环境保护主管部门信息中心，相关数据保存5年以上。

8.6.2 在线监测指标

（1）在进水水质检测点，监测COD_{cr}、总氮、氨氮、TP指标和进水流量；

（2）在出水水质检测点，监测COD_{cr}、总氮、氨氮、TP指标和出水流量；

（3）合作期内，因政策调整导致政府相关部门要求新增监测指标或监测设备，相关成本由政府方承担，相关设备的采购经政府方批准后由项目公司执行，政府方有权对此予以监督；

（4）由合同各方在［专用条款］中约定的内容。

8.6.3 人工检测

除［专用条款］另有约定，项目公司应安排技术人员或自付费用委托有法定资格的第三方检测机构对污水厂进出水水质和其他污染物进行检测，检测指标和检测周期应满足［专用条款］约定的技术标准规范等规定。所有检测项目必须做好数据报表的汇总和检测报告原件的整理。项目公司向政府方报送的运营记录报表中的检测结果以该第三方检测机构的检测报告为准。

8.6.4 水样采集

污水厂的进水水样和出水水样均应每日连续24小时使用自动采样设备采集水样。自动采样设备每日上午9：00开始采样，采样间隔为两小时。项目公司于次日上午9：30提取自动采样设备采集的混合水样。

用于检测水质的进水水样和出水水样应分别在进水水质检测点和出水水质检测点采集。

水样的采集应满足［专用条款］约定的技术标准规范要求。

水样储存应满足［专用条款］约定的技术标准规范要求。

8.6.5 指标检测

各种水质指标、污泥、废气的检测分析方法按［专用条款］约定的技术标准规范等规定进行。

项目公司应按［专用条款］约定的技术标准规范等规定对水质检测设备进行校验。

其他由合同各方在［专用条款］中约定的内容。

8.6.6 水质检测结果

项目公司应如实记录每次检测的所有结果，填入运营记录报表，并按照本协议的约定向政府方报送上一运营月的运营记录报表及其电子文档。在发生本协议第 8.5.2 项［进水水质超标］约定的进水水质指标超标或任一次检测的任何出水水质指标超标时，项目公司应立即通知政府方。

8.6.7　水质检测的核实和抽查

政府方有权指定代表或委派监管员在任何时候对项目公司的检测程序、结果、设备和仪器进行现场检查和检测。

政府方有权亲自或委托一家具有法定资格的水质检测机构随时在出水水质检测点按本协议第 8.6.4 项［水样采集］约定自行采取水样，对本协议要求的指标进行抽查，以核实项目公司提供的结果，并承担相关费用。政府方抽查采样时须有项目公司人员在场。经通知后，项目公司人员拒不到场的，不影响抽查结果的有效性。

政府方根据本协议约定亲自或委托水质检测机构对污水厂出水取样检测的结果为计算项目公司出水水质超标违约金的依据。

政府方有权亲自或委托水质检测机构采取瞬时水样，抽查的出水瞬时样不达标，出水按超标处理。项目公司应接受政府方或其委托机构以及环境保护主管部门对污水厂随时进行的水质检测的检查和抽查。政府方和环境保护主管部门有随时采样的权利。

8.7　水量计量

8.7.1　在开始商业运营日之前，项目公司应在双方同意的位置安装双方共同确认的经测试并投入运转的进、出水流量计。

8.7.2　流量计应符合适用法律的要求，以连续测量、计算和记录计量点的污水进、出水水量。项目公司应确保流量计能够以在线方式向污水厂的中心控制室和政府方指定的地点连续传送上述计量结果，包括瞬时流量和时、日、月、年的累计流量，并承担相关费用。

8.7.3　污水处理量按日计量，流量计在进水水量计量点所计量的每日水量作为项目公司的污水进水量（下称“实际进水水量”），流量计在出水水量计量点所计量的每日水量作为项目公司处理的污水水量（下称“实际处理水量”）。

8.7.4　上述流量计将由项目公司在每个运营日的上午 9：00 抄表，以确定前一日的污水进出水水量。政府方有权随时核查项目公司的抄表记录。

8.7.5　政府方和项目公司每年将根据法律、法规及技术规范对流量计进行校验，费用由项目公司承担。政府方每月应根据流量计确认项目公司实际处理水量的准确性。如果有故障，经双方认可后，聘请具有相关资质的部门进行修复校验。

8.7.6　在一个月（n）内实际处理水量（VWM）应等于流量计所记录的水量（VW），减去流量计上月（$n-1$）记录的水量，即：$VWM(n) = VW(n) - VW(n-1)$。双方应在每月的第一天的上午 9：00 抄表以共同确定上月的实际处理水量。

8.7.7　在开始商业运营日之月份（0）或于随后可行时，双方应立即将污水厂所有流量计确立一个基础读数，以确定污水厂每一流量计的 *VW*（0）值。此后，流量计不得归零，如因技术原因必须归零时，项目公司至少提前 3 个工作日书面通知政府方。流量计归零时，需有政府方指定代表或监管员到场。

8.7.8　由合同各方在［专用条款］中约定的内容。

8.8　年基本水量和超负荷水量

8.8.1　年基本水量由合同各方在［专用条款］中约定。

8.8.2　除［专用条款］另有约定，任一运营日实际进水水量若超过日设计水量的 1.3 倍【最大负荷系数】，项目公司应立即通知政府方和环境保护主管部门，并启动应急处理措施。未经政府方同意，项目公司无权利对超出部分（下称“超负荷水量”）进行处理，政府方对超出部分亦无义务支付污水处理服务费。

8.8.3　如因政策变更、提标改造等需调整基本水量或超负荷水量，由合同各方另行约定。

8.9　暂停服务

8.9.1　计划内暂停服务

除非合同另有规定，项目公司应于每年 12 月 31 日之前向政府方提交下一年度维护计划，经政府方批准后执行。项目公司按照已批准的维护计划实施检修工作，应提前至少 90 日将检修期暂停服务的相关事项通知政府方，通知内容应包括：

（1）暂停服务的范围和理由；

（2）暂停服务的时间；

（3）暂停服务期间预计能够处理达标的污水处理量；

（4）恢复正常服务的大约时间；

（5）［专用条款］约定的其他事项。

项目公司应尽最大努力使暂停服务的影响减到最小。除［专用条款］另有约定，项目公司在计划内暂停服务期间，应维持至少 50% 的设计污水处理能力，并且每一运营年计划内暂停服务不得超过 12 日。

8.9.2　计划外暂停服务

除根据第 8.9.1 项［计划内暂停服务］规定的计划内暂停服务外，在任一运营日发生下列情形，导致项目设施全部或部分停止运营的情况，均视为计划外暂停服务：

（1）设施设备故障；

（2）遇有危及生命安全的突发重大事件；

（3）不可抗力；

（4）政府方要求的暂停服务；

（5）其他原因。

发生计划外暂停服务时，项目公司应立即通知政府方，解释计划外暂停服务的原因以及计划采取的补救措施，并应在发出通知后 24 小时内恢复正常服务。

如果暂停服务时间预期超过24小时，项目公司应通知政府方，同时应采取一切必要措施使项目设施尽快恢复运营。除非计划外暂停服务是由于上述第（3）或（4）项原因造成的，项目公司应对此类暂停服务向政府方承担违约或损害赔偿责任。

除［专用条款］另有约定，如果在10日内项目公司仍不能恢复正常运营，政府方有权按照本合同第17.1款［临时接管］的规定接管项目。

8.10　更新重置和提标改造

运营期内，项目公司应保证项目设施、设备日常维修维护、小修、中修和更新重置所必需的投入，确保项目设施能够始终安全、稳定地运营，污染物排放符合国家标准和本合同的约定。

如因法律变更或政府方对项目运营维护标准和要求提出调整变化，需要提标改造的，由项目公司编制提标改造方案和投资计划，双方协商一致，报本级人民政府批准后实施。提标改造费用的计算方式在［专用条款］中约定，或由政府方和项目公司另行约定。提标改造方案若需要暂停服务，参照第8.9款［暂停服务］相关规定执行。未经批准，项目公司不得擅自进行任何涉及主体工艺的改建或扩建工程。

8.11　运营期政府方监管

除［专用条款］另有约定，运营期内，政府方有权对项目公司采取以下监管措施：

（1）按合同约定获取项目运营维护计划、运营维护手册、运营记录、污染物排放等其他运营文件。

（2）有权派出检查人员在任何时候进入项目设施，以检查项目设施的运营和维护质量，但该等检查人员或代表的进入不得干涉、延误或干扰项目公司履行其在本合同项下的权利和义务。在检查过程中，项目公司应提供所有可能的协助。

（3）委托第三方专业机构实施具体监管工作，包括但不限于绩效评价、中期评估和项目后评价等。

8.12　运营期特别补偿

运营期内，政府方因公共利益需要，对运营提出暂停污水处理等特殊要求，由此导致项目公司收益减少或运营成本增加的，应给予项目公司特别补偿。

除非合同另有约定，特别补偿应适用以下约定：

（1）政府方提出特殊要求的，应当提前30日书面通知项目公司，明确特殊要求目的、内容和实施期限等事项；

（2）项目公司应在收到通知后采取一切合理措施降低该要求对项目运营的影响，并在15日内制定处理方案提交政府方，政府方应当在收到处理方案后15日内向项目公司书面反馈意见，否则视为同意；除［专用条款］另有约定，处理方案应当包括处理措施、预期影响、预期损失和补偿方式等内容；

（3）项目公司处理方案实施完毕后，合同各方按照处理方案约定的时间和方式确认最终补偿金额，并向项目公司支付最终补偿金额；

（4）法律和［专用条款］另有规定的，应从其规定。

8.13 运营期违约和处理

8.13.1 政府方违约情形及处理

运营期内发生下列情形，构成政府方违约：

（1）因政府方原因导致项目未能按期开始运营的；

（2）未按照本合同约定支付污水处理服务费的；

（3）［专用条款］规定的其他情形。

政府方发生上述违约情形的，项目公司有权：

（1）向政府方发出书面通知要求其改正；

（2）导致未能按期开始运营的，项目公司有权要求相应延长合作期；

（3）如政府方逾期改正超过180日，项目公司有权提前终止合同。

8.13.2 项目公司违约情形及处理

运营期内发生下列情形，构成项目公司违约：

（1）因项目公司原因导致项目未能按期开始运营的；

（2）项目公司未按照本合同约定和谨慎运营惯例对项目运营进行管理、监督和检测，导致运营质量未达到合同要求的；

（3）合同规定的其他情形。

项目公司发生本条约定的违约情形的，政府方有权向项目公司发出书面通知要求其改正，项目公司未在规定期限内予以改正的，政府方有权要求项目公司承担违约金，政府方有权扣除或提取运维履约担保项下的相应金额。如项目公司逾期改正超过180日，则政府方有权提出提前终止合同。延迟进入开始运营日的期间或者进入开始运营日后项目公司未能保持项目正常运营期间，不计算、不支付相应服务费。

项目运营和维护严重不符合要求时，政府方具有选择自行或指定第三方运营和维护的权利。

因项目公司原因未能按照本合同约定的时间进入运营期，或运营管理不满足本合同约定的运营维护范围、标准和要求的，构成项目公司违约，政府方有权要求项目公司按照［专用条款］约定承担相应违约责任。

8.13.3 其他约定

由于另一方违约而遭受损失的一方应采取合理行动减轻损失。如果一方未能采取此类措施，违约方可以请求从赔偿金额中扣除应能够减轻或减少的损失金额。受损害的一方应有权从另一方获得为减轻损失而采取行动所发生的合理费用。

如果造成损失的部分原因是由于受损害方的作为或不作为，赔偿的数额应扣除这些因素应承担的损失。

除本合同另有约定，各方均不应对因执行合同产生的或与其相关的任何索赔为对方的任何间接、特殊、利润损失或附带损失或惩罚性损害赔偿负责。

9　绩效评价

9.1　绩效评价主体、范围与标准

9.1.1　绩效评价主体及义务

政府方有权根据法律规定和本合同约定，自行或委托第三方机构对项目日常运营情况及年度绩效目标实现程度进行跟踪、监测和管理。

项目公司应做好项目设计、投融资、建设、运营维护和移交等工作的日常管理和信息记录，积极配合开展项目绩效管理工作，并对所提供资料和信息的真实性、完整性、有效性负责。

9.1.2　绩效评价范围和标准

政府方应按照合同规定的绩效评价标准，组织实施绩效评价。除［专用条款］另有约定，绩效评价范围应涵盖整个合作期。

本款下的绩效评价标准是指在［专用条款］规定的绩效评价指标及其解释、指标权重，以及评价标准与评分方法。

合作期内，如发生以下情形，可按照第 13.2 款［合同变更的程序］的规定对绩效评价标准进行调整：

（1）项目合作范围和内容变化；

（2）相关政策、行业标准发生变化；

（3）突发事件或不可抗力等无法预见的重大变化。

项目公司对绩效目标或指标体系调整有异议的，可申请召开评审会，就调整结果的科学性、合理性、可行性等进行评审。双方对评审意见无异议的，按评审意见完善后，经政府财政部门及相关主管部门审核通过后报本级人民政府批准后执行；双方对评审意见仍有异议的，按照第 20 条［争议解决］处理。

9.2　绩效评价程序

9.2.1　绩效评价时点

政府方应结合项目实施进度及付费需要及时组织开展绩效评价工作。除非［专用条款］另有约定，政府方组织实施绩效评价的时点应符合以下要求：

（1）建设期绩效评价应在工程竣工验收合格后的 3 个月内进行；

（2）正式开始商业运营后，每个运营年度应进行至少 1 次运营期绩效评价。首次评价应在正式开始商业运营满 12 个月后开始。

9.2.2　绩效评价程序

除［专用条款］另有约定，绩效评价工作应按以下程序进行：

（1）政府方在确定绩效评价工作开展时间后，应至少提前5个工作日通知项目公司，项目公司应做好准备和配合工作；

（2）制定绩效评价工作方案；

（3）组织实施绩效评价；

（4）编制绩效评价报告，资料归档；

（5）绩效评价报告完成后，政府方应及时向项目公司和相关部门反馈评价结果。

9.3 绩效评价结果的应用

9.3.1 绩效评价结果的应用

绩效评价结果采用评分和评级相结合的方式。除［专用条款］另有约定，应按以下原则执行：

（1）绩效评价结果达到“合格”及以上标准的，政府方应按照合同第11.1.1项［污水处理服务费］相关约定及时安排相关支出，对绩效评价报告中指出存在的缺陷，督促项目公司整改。

（2）运营期内，连续两次绩效评价结果为“不合格”的，政府方有权解除本合同。

项目公司对绩效评价结果有异议的，应在接到政府方信息反馈后的5个工作日内明确提出，并提供有效的证明材料，政府方应对异议部分解释说明并达成一致意见；无法达成一致的，政府方应组织召开评审会。双方对评审意见无异议的，根据评审意见确定最终评价结果，政府方将评价报告报送相关主管部门、财政部门复核；仍有异议的，按照第20条［争议解决］处理。

9.3.2 绩效评价结果公开

政府方应依法依规及时对绩效评价结果进行公开并接受监督。

9.4 中期评估

合作期内，政府方有权按照国家和地方法律法规，每隔3年至5年（具体由政府方视实际情况而定），组织专家或委托第三方机构对项目公司的履约和经营情况进行中期评估，项目公司应接受相应监督和检查。

除［专用条款］另有约定，中期评估费用由政府方承担。

10 项目移交

10.1 一般约定

10.1.1 移交期限

除［专用条款］另有约定，合作期届满前12个月为移交过渡期。过渡期内由双方办理约定移交范围内的全部设施设备、技术文件及档案资料的移交。在此期间，政府方或其指定的接收人有权参与项目的管理。

10. 1. 2　移交方式

合同各方应在［专用条款］中选择以下一种方式进行移交：

（1）资产转让移交；

（2）经营权移交。

10. 1. 3　移交范围

在移交日，项目公司应向政府方或其指定的接收人无偿移交项目设施和相关权益。移交的范围包括：

（1）土地使用权；

（2）与本项目相关的建（构）筑物设备设施等不动产，以及与项目设施使用相关的机器、装置、零部件、备品备件、化学品以及其他动产；

（3）项目公司在运营期间为设施运营取得的所有技术和技术诀窍、知识产权等无形资产；

（4）与项目建设、运营和维护相关的所有的手册、记录、图纸和文件资料；

（5）与移交后继续运营有关的其他资产、权益及相关文件；

（6）政府方合理要求的其他物品与资料；

（7）法律规定及［专用条款］约定的其他内容。

10. 1. 4　移交标准和要求

项目公司移交设施资产和权益，应保证：

（1）所有建（构）筑物完好，外观整洁，满足安全生产要求；

（2）所有设备工况良好，满足性能、工艺参数和移交时的国家和行业技术标准，污染物排放符合环境保护标准；

（3）设置在项目设施和使用场地的权利（如有）解除和清偿完毕，不存在任何权益上的限制；

（4）不存在源自项目设施的建设、运营和维护的由项目公司引起的环境污染及其他性质的请求权；

（5）符合规范的场地清理和恢复；

（6）根据第 15. 1. 3 项［移交履约担保］提供的履约担保足额有效；

（7）符合［专用条款］约定的其他标准和要求。

因法律变更或客观条件发生重大变化，需要变更移交标准和要求的，经双方协商一致，报经本级人民政府批准后执行。

10. 2　各方移交义务

10. 2. 1　政府方移交义务

不论是否指定了接收人，政府方均应参与移交，按照移交清单和移交方案接收项目公司移交的资产和相关权益，并履行相关义务。

10.2.2　项目公司移交义务

除合同另有约定，项目公司应当按照以下要求完成移交：

（1）符合第10.1.4项［移交标准和要求］要求。不符合移交标准的，项目公司应在合理期限内对存有缺陷的资产予以维修或更换，以使资产达到移交标准，并承担相应费用。项目公司未及时进行维修或更换的，政府方有权根据通行的技术标准进行维修和更换，由此产生的费用由项目公司承担。

（2）根据移交工作组要求提供移交所需必要的文件、记录、报告等数据，作为移交时双方的参考。

（3）确保向政府方或其指定机构移交的资产和权益在移交时未设有任何抵押、质押等权利限制或产权约束，亦不得存在任何种类和性质的索赔。

（4）确保本项目在移交日前不存在因项目公司建设、运营和维护本项目导致的环境污染。

10.3　移交准备

10.3.1　移交工作组

除［专用条款］另有约定，合作期届满前18个月，政府方和项目公司应成立移交工作组，专门协调移交工作。

10.3.2　移交清单与移交方案

移交工作组负责在［专用条款］约定的时间内，按照本合同约定商定移交清单和移交程序。

10.3.3　移交前的修复

除［专用条款］另有约定，项目公司最晚应在合作期届满3个月前，按以下要求对项目设施进行最后恢复性大修：

（1）最后恢复性大修的具体内容和标准，由移交委员会根据国家法律，技术规范、规程、标准的规定和届时设施、设备的实际性状决定。

（2）项目公司编制最后恢复性大修方案，并予以实施。

（3）最后恢复性大修完成后，应当委托由双方认可的、具有资质的机构对本项目的设施、设备进行检验和性能测试。检验和测试结果应当符合本合同约定的要求。

（4）最后恢复性大修经相关部门和测试机构确认合格后，由双方授权代表书面签字予以确认。

（5）政府方有权通过移交委员会对最后恢复性大修的全过程进行监督。

除非得到政府方豁免，否则项目公司不能或不愿进行最后恢复性大修，构成项目公司违约的，政府方有权兑取履约担保的相应金额自行组织进行大修。在此情况下，政府方应向项目公司提供所发生的支出详细记录。

10.3.4　备品备件

项目公司应在移交日之前按照［专用条款］规定的内容和标准准备消耗性备品备件、事故抢修的备品备件以及所有需要的零配件。

除非［专用条款］另有约定，备件的质量和标准应符合项目公司于交付设备时从设备制造厂商取得的备件相同的质量和标准并符合相同的技术规格要求。

10.3.5　人员和人员培训

除［专用条款］另有约定，运营期届满前 6 个月，项目公司应移交一份其届时聘用人员名单，名单应附每个职员的资格、职位、工资和福利等详细资料。政府方有权选择在移交日后优先继续聘用全部或部分员工。项目公司负责处理政府方或其指定的接收人决定不再聘用人员的解聘、安置等后续工作。

项目公司应按照［专用条款］规定的范围，对政府方人员进行与项目运营相关培训。如果合同规定了移交前要进行培训，此项培训结束前，不应认为项目已经按照合同规定完成了移交。

10.4　移交日

政府方和项目公司就某部分资产共同签署资产移交确认书即视为该资产已自项目公司移交给政府方。除［专用条款］另有约定，移交确认书签署之日为资产移交日。

10.5　权益转让

10.5.1　项目公司已签订协议的转让

在移交日前，如果政府方选择接受合同延续，项目公司有义务将其与第三方已签订但未履行完毕的与项目有关的协议项下的所有权利和义务转让给政府方或其指定的接收人，并负责取得合同相对方的同意。否则，项目公司应解除其在本项目下与任何其他第三人订立且尚未履行完毕的全部合同或协议，并承担由此发生的一切责任。

10.5.2　担保及保险的转让

除［专用条款］另有约定，项目公司应于移交日之前将所有承包商、制造商和供应商提供的尚未期满的担保及保证，以及所有的保险单、暂保单和保险批单等与运营期届满移交资产有关的其他担保、保证及保险凭证，全部无偿转让给政府方或其指定机构。

10.6　移交费用

政府方和项目公司应各自承担因移交和转让发生的费用和支出。政府方应自费获得所有的批准或使之生效，并采取其他可能为移交和转让所必需的行动。

如果项目公司未按本合同约定的范围和内容进行移交，政府方为此发生的额外支出或遭受损失的，政府方有权从履约担保中扣除相应的金额。

10.7　移交及风险转移

10.7.1　移交效力

自移交日起，除本合同另有约定，项目公司在本合同项下的权利和义务应立即终止，但双方于移交日前发生及未偿付的债务除外。

10.7.2　移交风险转移

政府方承担移交日后项目设施的全部或部分损失或损坏的风险，除非损失或损坏是由项目公司的过错或违约所致。

10.8　移交缺陷责任期

在移交日，项目公司应保证污水处理设施满足以下要求：

（1）处于良好的运营状况，得到良好维护，正常损耗除外；

（2）符合合同约定的安全和环境标准；和

（3）符合技术方案中所规定的移交标准。

除［专用条款］另有约定，移交缺陷责任期为移交日后12个月。缺陷责任期内，项目合同应修复由材料、工艺、施工、设计、技术、运营或管理缺陷或合作期内项目公司的任何违约造成的污水处理设施和设备任何部分出现的任何缺陷或损坏（正常磨损除外）和环境污染责任。但因政府方制定的接受移交机构或其他方使用不当造成的损坏除外。

10.9　移交违约和处理

因政府方原因未完成移交的，构成政府方违约，由此增加的移交费用由政府方承担，如造成其他损失的政府方应当另行承担赔偿责任。

因项目公司原因未按照协议约定的时间和要求完成移交的，构成项目公司违约，由此增加的移交费用由项目公司承担，如造成其他损失的项目公司应当另行承担赔偿责任。

11　合同价格与付款

11.1　收入和结算

11.1.1　污水处理服务费

除合同另有约定，污水处理服务费应根据第8.7款［水量计量］确认的实际污水处理量、第8.8款［年基本水量和超负荷水量］约定的基本水量以及根据第11.2款［服务收费价格及调整］确认的污水处理服务费价格按［专用条款］规定计算确定每期应付款额，并根据当期绩效评价结果进行调整。

11.1.2　其他经营性收入

如果项目包含其他经营性收入，合同各方可在［专用条款］中约定有关的事项。

运营期内项目公司有权依据本合同约定取得其他经营性收入，其他经营性收入的来源在［专用条款］中约定。

项目公司在运营期内获得的其他经营性收入，按比例由政府方和项目公司进行分配，政府方分配所得可用于冲抵依据本合同应当支付的服务费，具体分配比例在［专用条款］中约定。

11.1.3　税收及税收优惠

整个合作期内，项目公司取得的污水处理服务费收入，以及其他收入（如有）所产生的税费，均由项目公司依法承担。

项目公司依法享有国家相关法律法规及政策规定的适用于本项目的相关税收优惠。项目公司应自行办理相关税费优惠的申请手续，政府方予以积极协助。

11.2　服务收费价格及调整

11.2.1　服务收费价格

除［专用条款］另有约定：

污水处理服务费以协议书中载明的基准价格为基础，按照第 11.2.2 项［污水处理服务费价格的调整］规定进行调整。

11.2.2　污水处理服务费价格的调整

本项目服务费价格的调整，可充分考虑项目总投资额的变动、物价指数、药剂价格、电费价格、劳动力成本、税率、基准利率及其他因素变化的影响。

污水处理服务费价格应被认为是充分的和完整的。出现下列情形时，应作相应调整：

（1）项目建设投资偏差超出［专用条款］约定范围的；

（2）由于市场环境波动、法律政策变化、不可抗力，导致运营成本偏差超出［专用条款］约定范围的；

（3）根据第 8.10 款［更新重置和提标改造］的约定进行提标改造，满足［专用条款］约定的调价条件的；

（4）满足［专用条款］约定的运营期调价条件的；

（5）根据上述约定，当污水处理服务费价格需要进行调整时，应按照［专用条款］的规定进行计算。

11.3　开票和付款

11.3.1　账单和票据

除［专用条款］另有约定，项目公司应在每个运营月结束后的 10 个工作日内，向政府方提交污水处理服务费付款通知账单（下称“账单”，格式由双方协商制定），详细说明项目公司认为其根据本合同有权得到的款额，同时应提供所有相应的证明记录和资料（包括污水处理量月报表、相关财务报表，及政府方要求的其他资料、单据）。

11.3.2　付款安排

除［专用条款］另有约定，政府方应自开始运营日起按月向项目公司支付污水处理服务费，并应在收到项目公司按照第 11.3.1 项［账单和票据］的规定提交的污水处理服务费付款通知账单后 15 个工作日内支付账单的应付款额，汇入［专用条款］指定的银行账户。

除下列情况外，对应付款项不应扣留：

（1）项目公司未按照合同第15.1.2项［运营履约担保］的规定提交运营履约保证；

（2）政府方收到第11.3.1项［账单和票据］的规定提交的污水处理服务费付款通知账单后10个工作日内向项目公司发出关于账单中政府方不同意的任何项目的通知，且至应付款日双方就争议款项尚未达成一致的；

（3）根据第11.3.3项［延误的付款］规定可以从应付款项中扣除的之前已支付的争议款项。

上述付款不应被认为表明政府方的接受、批准或同意，政府方可以在任意一次付款时，对之前曾被认为应付的任何款项作出正当的改正或修正。

11.3.3　延误的付款

如果项目公司没有在第11.3.2项［付款安排］规定的时间内收到付款，项目公司有权就未付款额，从到期应付之日起至收款方实际收到款项之日止，按日计算利息。

任何有争议的款项，经双方达成一致意见或根据第20条［争议解决］解决之后，实属到期应付的，政府方应支付给项目公司，并从原到期应付之日起计算利息；不属到期应付的，如政府方已支付，则项目公司应立即归还给政府方，或由政府方选择从应支付的污水处理服务费中扣除，并从政府方支付该等款项之日起计算利息。

除［专用条款］另有约定，用于计算上述利息的年利率，按全国银行间同业拆借中心公布的1年期贷款市场报价利率（LPR）计算。

项目公司应有权得到上述付款，无须正式通知，且不损害其在本合同项下的任何其他权利或应对其作出的补偿。

11.4　奖补资金

在本项目合作期间，若因项目公司设计、建设或运营成果优质获得的各类奖励资金，原则上全部用于奖励项目公司。

在本项目合作期间，若因项目行业特征或政府政策支持申请到各类上级补助资金，根据以下原则处理：

（1）若本项目在建设期内获得上级政府补助资金，则将该等补助资金直接用于项目建设，降低项目贷款，并在竣工决算总投资中扣除该部分资金，以调减项目全部建设成本，从而对应调整污水处理服务费价格，具体调整方法在［专用条款］中约定；

（2）若在运营期内获得上级政府补助资金，则将该等补助资金直接抵减项目可行性缺口补助；

（3）上级财政对补助资金有使用限制的，从其规定。

11.5　财务监管

11.5.1　财务监管及审计

项目公司建立健全财务管理制度，完善内控流程，严格执行财务管理规定，接受政府方的检查监督。

项目公司应在其经营场所保存所有账簿及其他与项目运营有关的财务记录。

政府方有权对项目公司财务状况进行审计，项目公司应积极配合审计、评审和监督，提供真实必要且完整的项目文件资料。

11.5.2　年度及专项报告

项目公司应定期向政府方报告项目财务情况。除［专用条款］另有约定，项目公司应在每年 5 月 30 日前，提交上一年度按中国会计准则和制度编制，且经有资格的会计事务所审计的年度财务报表。

政府方为监督项目公司遵守法律规定和本合同约定，可要求项目公司提交与财务状况相关的其他资料。

11.5.3　专用账户的设置及监管

除［专用条款］另有约定，项目公司应在成立之日 30 日内，在项目所在地的一家或多家商业银行开设资金监管账户，实行专户管理。

政府方有权对项目公司专用账户进行监管。

11.6　违约事项及处理

政府方未按期向项目公司支付费用的，应按［专用条款］约定向项目公司支付违约金。

政府方未按合同约定调整污水处理服务价格的，由此造成的项目公司损失由政府方承担，并按照［专用条款］约定向项目公司支付违约金。

项目公司未及时提供或提供的财务报告或其他资料不真实准确，给政府方造成损失的，政府方有权要求项目公司返还相关收入，并赔偿政府方损失。

12　违约金

12.1　污水处理不达标的违约金

任一运营日，除不可抗力和本协议约定的其他可以免责的情况外，若污水厂出水不符合污水出水水质标准，则项目公司应向政府方就当日出水不达标支付污水处理不达标的违约金。污水处理不达标的违约金根据本协议第 8.5.4 项［出水水质超标］的约定计算。

12.2　污水处理量不足的违约金

12.2.1　正常运营期间污水处理量不足的违约金

正常运营期间（即不可抗力、计划内暂停、计划外暂停、异常进水期间除外），政府方根据进水水位、进水水泵开启记录监督项目公司的污水处理量情况。若发现项目公司存在实际处理水量不足且并非政府方供水不足引起的，每发现一次，政府方向项目公司收取人民币10万元的违约金。

正常运营期间的任一运营日，政府方根据实际进水水量对实际处理水量进行校核，若实际处理水量小于实际进水水量的95%，且实际进水水量不大于日设计污水处理能力，则项目公司需缴纳该日处理水量不足的违约金。污水处理量不足的违约金根据本协议第8.5.5项［处理量不足］的约定计算。

12.2.2 暂停服务期间污水处理量不足的违约金

自运营交接日起至运营特许经营期结束，计划内暂停期间的任一运营日，若实际处理水量小于日设计处理能力的50%（非项目公司原因导致的除外），则项目公司需缴纳该日处理水量不足的违约金。计划内暂停期间的污水处理量不足的违约金根据本协议第8.5.5项［处理量不足］的约定计算。

由于项目公司原因导致污水厂发生计划外暂停，在计划外暂停期间的任一运营日，若实际处理水量小于日设计处理能力，则项目公司需缴纳该日处理水量不足的违约金。计划外暂停期间的污水处理量不足的违约金根据本协议第8.5.5项［处理量不足］的约定计算。

12.3 其他违约金

12.3.1 其他违约情形

出现下列情形之一的，项目公司应按照政府方的要求进行限期整改，如不改正，政府方将根据本协议第12.3.2项［违约金标准］的约定追究项目公司的违约责任。

（1）在政府方不知晓情况下，私自停止设施的运营；

（2）污水没经过处理，私自偷排的；

（3）私自处理非政府方输水管网供给的污水；

（4）由于违反谨慎运营惯例、操作规程或管理决策不当，造成瞬时出水水质超标的；

（5）出于追求经济效益，超出处理最大负荷范围，影响处理效果，造成瞬时出水水质超标的；

（6）污泥、栅渣没有进行很好的处置，造成二次污染的；

（7）谎报实际运营数据以及制造虚假数据的（包括污染源在线自动监测数据）；

（8）水质取样管理器管理不规范，取样有造假嫌疑的；

（9）运营工况、污染源自动监控设施、台账管理等问题导致减排任务不能完成的；

（10）设备设施维护、维修不及时，影响处理能力及出水水质的；

（11）不能提供所要求的检测项目的报表，被要求限期整改未能执行的；

（12）不能提供正常反映污水厂运营的生产报表（如污泥脱水机启停记录、曝气设施开启时间等，包含但不限于此），被要求整改未能执行的；

（13）违反污泥安全运输管理规定和污泥含水率不达标的；

（14）未按本协议约定对污水厂建、构筑物和辅助设施进行维护保养的；

（15）未能完成经审核的年度设施设备大中修计划的；

（16）监管工作中（含视频监控）发现其他违规行为或非正常运营行为的；

（17）因项目公司原因导致运营数据及视频图像不能正常上传至政府方和环境保护主管部门信息中心后台显示的；

（18）［专用条款］约定的其他违约情形。

12.3.2　违约金标准

（1）出现本协议第 12.3.1 项［其他违约情形］中除（13）、（14）、（15）、（18）目外的任一情形，项目公司应支付人民币 2 万元的违约金，违约金将直接从下个运营月的污水处理服务费中扣除。

（2）出现本协议第 12.3.1 项［其他违约情形］中第（13）目情况的违约金如下，违约金将直接从下个运营月的污水处理服务费中扣除。

1）污泥运输车辆擅自变更运输路线，发现一次扣除 2000 元；

2）污泥运输车辆验收不达标即从事污泥运输或运输车辆外表面黏附污泥或外运污泥夹带石子等杂物对后续污泥集中处理处置产生影响的，发现一次扣除 5000 元；

3）对污泥含水率每周 3 次抽样检测，取平均值进行考核，周平均值超标，按照 2 万元/次的标准支付违约金。

（3）出现本协议第 12.3.1 项［其他违约情形］中第（14）目情况，政府方有权委托第三方实施维护保养，所发生的费用将由项目公司承担。此外，项目公司应向政府方支付所发生费用的 30% 作为违约金。

（4）出现本协议第 12.3.1 项［其他违约情形］中第（15）目情况，政府方有权委托第三方实施设施设备大中修计划，并从污水处理服务费中扣除相应费用，或直接兑取履约保函。

（5）出现本协议第 12.3.1 项［其他违约情形］中第（18）目情况，相关违约处理机制由合同各方在［专用条款］约定。

（6）项目公司被市级环境保护主管部门通报批评一次，政府方将直接从下个运营月的污水处理服务费中扣除人民币 5 万元的违约金。

（7）项目公司被省级及省级以上环境保护主管部门通报批评一次，政府方将直接从下个运营月的污水处理服务费中扣除人民币 10 万元的违约金。

12.4　项目公司违约金的支付

除［专用条款］另有约定，政府方应在发现项目公司发生本协议第 12.1 款［污水处理不达标的违约金］、第 12.2 款［污水处理量不足的违约金］、第 12.3 款［其他违约金］的违约行为后的3个工作日内，向项目公司发出其违约的书面通知，说明项目公司违约的行为及相关违约处罚意见。

项目公司应按照本协议第12.1款［污水处理不达标的违约金］、第12.2款［污水处理量不足的违约金］、第12.3款［其他违约金］的约定计算违约金，并在根据本协议第11条［合同价格与付款］向政府方开具的账单中将该违约金金额从污水处理服务费总额中扣减。若某月的污水处理服务费总额不足以抵扣该月违约金，则政府方有权从履约保函中提取不足部分，或从下月的污水处理服务费中扣除。

项目公司按照本协议第12.1款［污水处理不达标的违约金］、第12.2款［污水处理量不足的违约金］、第12.3款［其他违约金］的约定支付的违约金均不包括国家职能部门依职权所行使的行政处罚。项目公司支付本协议项下的违约金亦不免除其在适用法律或第三方协议项下应承担的其他责任，包括环保行政主管部门根据适用法律的规定进行的处罚。

13　合同变更

13.1　一般约定

合同履行过程中，合同主体根据公共利益的需要，在不改变合同根本性质的限度内，经双方协商一致，可以对合同的主体、客体和内容条款做必要的修改、补充或限制。

除［专用条款］另有约定，变更应遵守以下原则：

（1）合同变更影响项目总投资或运营成本的，应按照成本加合理利润原则计算；

（2）合同各方应以尽量减少损失、提高效率和控制项目总投资或运营成本的原则实施变更；

（3）合同变更应遵守的其他原则由合同各方在［专用条款］约定。

13.2　合同变更的程序

13.2.1　合同变更的提出

除［专用条款］另有约定，政府方提出变更的，项目公司应在收到书面通知后60日内，将变更对项目投资、建设、运营、收入回报等方面影响及处理方案书面报政府方审核。

除［专用条款］另有约定，项目公司提出变更的，应征得政府方同意，并在政府方同意变更后30日内将变更对项目投资、建设、运营、收入回报等方面影响及处理方案书面报政府方审核。

13.2.2　合同变更的确认

除［专用条款］另有约定，政府方应在收到项目公司提交的书面变更报告后30日内作出决定，政府方审批后需要修改的，项目公司应在收到回复后30日内完成修改并重新提交。

任何合同的变更与修订应以书面形式作出。经政府方审批同意的变更方可执行。法律、行政法规规定变更合同应当办理批准、登记等手续的，依照其规定。

14　权利义务转让

14.1　政府方权利与义务的转让

政府方不得转让或以其他方式转移其在本协议下的全部或部分权利或义务，但因政府决定、机构改革等原因导致政府方主体资格变化时，则政府方合法的继任者或承继者承继政府方在本协议项下全部权利和义务，项目公司应无条件接受。

14.2　项目公司的转让限制

项目进入运营期一定的年限后，经政府方事先书面同意，项目公司的股东可以转让其在项目公司的股份，该年限在［专用条款］中约定。

未经政府方事先书面同意，合作期内项目公司的股权结构不得发生变化，项目公司在任何情况下不得转让或以其他方式转移本协议下的权利和义务，包括采取承包、托管、联营、租赁经营、信托等任何方式导致项目公司对本项目的实际控制权发生转移。

15　担保、保险和保障

15.1　履约担保

15.1.1　建设履约担保

政府方要求提供建设履约保证金，以保证按照本合同约定完成本项目建设任务的，项目公司应在成立后 30 日内采用保函或［专用条款］约定的其他方式，向政府方提交建设履约保证金。

除［专用条款］另有约定，政府方应在进入运营期 30 日内退还建设履约保证金，或解除届时未兑取完的保函的余额。

15.1.2　运营履约担保

政府方要求提供运营履约保证金，以保证按照本合同约定完成本项目运营任务的，项目公司应在项目进入运营期前 30 日内采用保函或［专用条款］约定的其他方式，向政府方提交运营履约保证金。

除［专用条款］另有约定，政府方应在运营期届满后 30 日内退还运营履约保证金，或解除届时未兑取完的保函的余额。

15.1.3　移交履约担保

政府方要求提供移交履约保证金，以保证按照本合同约定完成本项目移交任务的，项目公司应在项目运营期届满前 30 日内采用保函或［专用条款］约定的其他方式，向政府方提交移交履约保证金。

除［专用条款］另有约定，政府方应在根据第 10.8 款［移交缺陷责任期］规定的缺陷责任期届满后的 30 日内退还移交履约保证金，或解除届时未兑取完的保函的余额。

15.1.4　费用承担及金额补足

为办理本条约定相关履约保证金所需的费用，由负有提供履约保证金义务一方自行承担。

如果政府方根据本合同约定扣除了履约保证金或提取了履约保函项下的款项，项目公司应在扣除后按照［专用条款］的约定将履约保证金或履约保函数额恢复到本合同约定的数额，并向政府提供已足额恢复的相关证明。

项目公司未能在前述期限内补足或恢复，政府方有权发出通知要求限期补足；项目公司在前述期限内仍未补足的，政府方有权扣除履约保证金或履约保函项下的余额，并有权提前终止本合同。

15.1.5　不当兑取

如果政府方兑取了项目公司提交的履约保函中的款项，之后项目公司通过仲裁、诉讼或其他方式确定政府方无权兑取，政府方应退还兑取的金额，并应补偿项目公司因此发生的所有费用和支出，以及支付自不当兑取之日至退还之日的利息。

除［专用条款］另有约定，该利息按届时中国人民银行授权全国银行间同业拆借中心公布的一年期贷款市场报价利率（LPR）执行。

15.2　保险

项目公司应按照［专用条款］约定的保险险种、责任范围、保险金额、保险期间、被保险人，以及在保险市场上可以得到的合理价格和商业上可接受的条款，自费取得和维持保险，并及时向政府方提交其已投保的各项保险的凭证和保险单复印件。

如果项目公司没有购买或维持合同约定的某项保险，政府方应通知项目公司积极履行前述义务，项目公司不履行的，则政府方有权购买该保险，并且有权根据本合同从履约保函款中兑取需支付的保险费金额。

当理赔事件发生，政府方应为项目公司提供及时和必要的帮助与支持，协助其获得理赔，包括但不限于协助办理相关手续、开具相关证明文件等。

15.3　保障

项目公司应保障并保持政府方免受由于工程设计（合同规定的范围内）、施工、调试和运营引起，或在其过程中，或因其产生的以下损害（包括所有损害赔偿、损失和费用开支），除非是由于政府方的疏忽、故意或违反合同造成的：

（1）对任何人员的人身伤害、患病或死亡；以及

（2）对任何财产、不动产或动产的损害或损失。

政府方应保障并保持项目公司免受由于政府方、政府方人员的任何疏忽、故意，或违反合同造成的（1）对任何人员的人身伤害、患病或死亡，以及（2）可以不包括在第 15.2 款［保险］保险范围的各类事项。

16　不可抗力

16.1　不可抗力的定义和情形

本合同下，“不可抗力”是指某种特殊事件或情况：

（1）双方无法控制的；

（2）在合同签订前，对之是否发生不能预见的；

（3）发生后，双方尽管采取了及时合理的措施，但客观上并不能阻止这一特殊事件或情况的发生；

（4）对之所造成的损失不能克服；以及

（5）不能归因于他方的。

满足上述条件，不可抗力包括但不限于下列特殊事件或情况：

（1）雷电、地震、火山爆发、滑坡、水灾、海啸、台风、龙卷风或旱灾等自然灾害；

（2）大规模流行病、瘟疫、化学或放射性污染、核辐射污染；

（3）战争行为、武装冲突、外敌入侵、封锁、戒严或军事力量的动用、暴乱或恐怖行为；

（4）全国性、地区性、城市性或行业性罢工；

（5）考古或文物保护等。

16.2　不可抗力事件的认定和评估

声明受到不可抗力事件影响的一方提供与不可抗力事件及索赔有关的有效证明，合同其他方对不可抗力事件是否发生作出认定。

不可抗力事件发生的，合同各方可共同委托具有相应资格和能力的第三方评估机构，评估不可抗力事件对合同的订立和履行产生的影响。根据不可抗力事件的影响程度可全部或部分免除该方在不可抗力事件期间本合同项下的相应义务。

在一方履行迟延而又经对方当事人同意时，则不能构成不可抗力事件。

合同各方可在［专用条款］中约定其他认定和评估等事项。

16.3　不可抗力通知

除［专用条款］另有约定，声称受到不可抗力影响的一方，应在该方察觉或应已察觉到构成不可抗力的有关事件或情况后 24 小时内向他方发出通知，说明：

（1）不可抗力的性质；

（2）不可抗力发生的日期；

（3）可能持续的时间；以及

（4）对履行本合同义务所造成的影响。

并在合同其他方要求时提供相关有效证明。

当不可抗力事件停止或不对受影响方履行合同义务产生任何影响时，受影响一方应尽快通知另一方。

16.4 不可抗力事件的处理

16.4.1 减少影响的义务

不可抗力事件发生的，各方都应始终尽所有合理的努力，使不可抗力对履行合同造成的任何影响减至最小。

16.4.2 不可抗力的一般后果

除［专用条款］另有约定，不可抗力导致的人员伤亡、财产损失、费用增加和（或）延误等后果，由各方按以下原则承担：

（1）各自承担应对不可抗力产生的费用；

（2）导致项目不能按预定时间达标投产的，视为第 7.3.3 项［延期的提出与批准］第（3）目的延误原因，政府方应给予延长建设期并相应顺延合作期；

（3）致使项目公司无法处理污水或处理能力受影响，应在受到不可抗力影响的限度内免除其处理量不足和处理质量不达标的违约责任；

（4）不可抗力事件妨碍或阻止本协议履行的，自此种不可抗力事件发生之日起超过 90 日的，合同各方应协商决定继续履行本协议或解除本协议；

（5）如果任何其他相关方根据有关本项目的任何合同或协议，有权因较本条规定更多或更广范围的不可抗力免除其某些义务，此类更多或更广范围的不可抗力事件或情况，不应成为项目公司不履行合同义务的借口，或有权根据本条规定免除其义务；

（6）本条关于不可抗力的规定不应施用于任一方根据合同向另一方的支付。

16.4.3 长期不可抗力导致的终止

除［专用条款］另有约定，如果不可抗力事件连续存在超过 180 日，任何一方可自行决定向另一方发出书面终止意向通知，并按照第 18 条［合同终止和补偿］的约定进行合同终止和补偿。

17 临时接管和应急管理

17.1 临时接管

17.1.1 临时接管的情形

合作期内，如项目公司出现以下违约行为，政府方有权实施临时接管：

（1）擅自转让、出租特许经营权的；

（2）擅自将项目设施进行处置或者抵押的；

（3）因管理不善，发生重大或特别重大质量、生产安全事故的；

（4）擅自停业、歇业，严重影响到社会公共利益和安全的；

（5）由于项目公司经营管理不善、运营维护不到位，且经过限期整改仍不能保证项目设施日设计处理能力或处理出水水质达不到协议约定的标准的；

（6）法律、法规禁止的其他行为；

（7）［专用条款］中约定的其他情形。

17.1.2　临时接管期间的收入与费用

政府方有权在决定临时接管之日起临时接管污水厂项目设施，并指定第三方临时提供本协议项下的污水处理服务。临时接管期间乙方无权获得服务费，并且此期间发生的运营维护成本、费用等均由乙方自行承担。

17.1.3　特许经营权的恢复

在项目公司对引致临时接管的违约行为进行纠正之后，项目公司应向政府方提出书面申请，在政府方审查确认项目公司已消除引致临时接管的违约行为之后，政府方应当终止临时接管，恢复项目公司的特许经营权。

17.2　应急管理

合作期内，项目公司应按照相关法律法规要求制定应急管理预案，经环境保护主管部门批准后报送政府方备案；项目公司应配合政府方及有关行政部门进行突发紧急事件的演练等工作。运营中发生突发紧急事件时，项目公司应当依据应急管理预案和政府有关部门要求进行处理，并按照国家有关规定及时向政府方和有关行政部门报告。

18　合同终止和补偿

18.1　政府方的终止

除非［专用条款］另有约定，下述项目公司的每一事件，如果不是由于政府方的违约或不可抗力所致，如果有允许的纠正期限而项目公司在该期限内未能纠正，政府方有权按第18.4.1项［终止意向通知］规定向项目公司发出终止意向通知：

（1）未能遵守第5.2.1项［融资交割和融资交割宽限期］规定完成融资；

（2）违反第3.2.1项［授予特许经营权］就政府方授予的经营权擅自向任何第三方进行转让、出租、质押或其他任何处置；

（3）违反第4.3.3项［资产的使用限制］擅自将项目设施或相关财产进行处置或者抵押；

（4）由于项目公司原因，导致本项目试运营期超过一年仍然未通过环保验收或试运营期内不能满足30日连续稳定达标，本项目无法进入商业运营的；

（5）未经政府方事先书面同意，项目公司连续72小时或在任一运营年内累计300小时无故或因其自身原因完全终止运营项目设施。上述时间不包括计划内暂停服务的时间和发生异常进水对系统运营产生明显不利影响的时间；

（6）项目公司无故对废水、废气和噪声等污染物不经任何处理随意排放或稀释排放，对环境造成严重污染或被举报后不采取任何补救措施的；

（7）因管理不善，发生特别重大质量、生产安全事故，严重影响到社会公共利益和安全；

（8）严重违反第 21.3.1 项［廉政反腐］的约定；

（9）未履行本合同项下的其他义务，构成对本合同的实质性违约，并且在收到政府方说明其违约并要求补救的书面通知 60 日内仍未能补救该实质性违约。

18.2　项目公司的终止

除［专用条款］另有约定，下述政府方的每一事件，如果不是由于项目公司的违约或由于不可抗力所致，即构成政府方违约事件，项目公司有权按第 18.4.1 项［终止意向通知］的规定向政府方发出终止意向通知：

（1）未能按照第 6.2.1 项［项目用地取得］约定提供土地；

（2）未能按照第 7.2.1 项［政府方提供的建设条件］的约定提供建设条件；

（3）未能按照第 11.3 款［开票和付款］约定的履行给付义务（该等未履行构成对本协议的实质性违约），且在收到项目公司发出的要求解释和纠正该等实质性违约的书面通知的 20 个工作日内未纠正该等实质性违约；

（4）由于行政区划调整、政府换届，政府相关部门机构或职能调整、法定代表人或负责人变化等等政府方调整，使项目公司在本合同下的权利实质上受到严重不利影响。

18.3　自主选择终止

如果发生各方不能控制的任何事件（包括但不限于法律变更和不可抗力），使一方或双方完成合同义务成为不可能或非法，各方均有权解除进一步履行合同的义务，并根据第 18.4.2 项［终止通知］向对方发出终止通知。

双方解除进一步履约的义务，并不影响任一方对过去任何违反合同事项的权利。政府方应按第 18.6 款［合同终止后的补偿］的约定向项目公司支付补偿金。

18.4　终止意向通知和终止通知

18.4.1　终止意向通知

根据本合同第 18.1 款［政府方的终止］或第 18.2 款［项目公司的终止］发出的终止意向通知应载明解除的理由及相关违约事件的详细情况，并给出必要的协商期。

在终止意向通知发出之后，双方应在协商期内为避免合同终止采取措施，如果双方就将要采取的措施达成一致意见，并且在相应的协商期内纠正了违约事件，终止意向通知应立即自动失效。

18.4.2　终止通知

在协商期届满时，除非发生以下任一情形，发出终止意向通知的一方有权向另一方发出终止通知：

（1）双方另外达成一致；或

（2）导致发出终止意向通知的违约事件得到纠正。

本合同在终止通知送达对方之日终止。

18.5　合同终止的一般后果

如果本合同提前终止，则自任何一方发出终止通知起，至双方商定的提前终止日止，双方应继续履行本合同下的权利和义务。

本合同终止后，双方在本合同项下不再有进一步的义务，但根据第 11 条［合同价格与付款］规定的可能到期的付款义务除外。

本合同的终止不影响本合同中争议解决条款和任何在本合同终止后仍然有效的其他条款。

18.6　合同终止后的补偿

除本合同另有约定，若本合同提前终止，政府方应按［专用条款］的约定向项目公司支付合理补偿金。

18.7　合同终止后的移交

本合同终止后，项目公司向政府方移交项目的，双方参照第 10 条［项目移交］的相关约定协商确定项目移交方式、移交程序和移交要求。

（1）双方应于提前终止日之后的 84 日或双方协商的其他时间内按照第 18.6 款［合同终止后的补偿］确定终止补偿金额；

（2）政府方应在确定终止补偿金额后 42 日或双方协商的其他时间内将终止补偿金全部支付；

（3）项目公司在收到最后一笔终止补偿金当日，按照第 18.7 款［合同终止后的移交］规定将项目设施的所有权和所有权益全部移交给政府方。

18.8　合同终止后的其他约定

合同各方可对本合同终止后的其他事宜在［专用条款］中进行约定。

19　违约处理和赔偿

19.1　一般约定

19.1.1　违约行为认定

任何一方不履行本合同项下义务或履行义务不符合约定，且不存在法律规定或合同约定免责事由的，均构成违约。

19.1.2　违约处理原则

任何一方发生违约行为而使守约方遭受任何损害、损失、增加支出或承担额外责任，守约方有权要求违约方承担赔偿责任，但上述赔偿不应超过违约方在签订合同时预见或应当预见的损害、损失、支出或责任。

守约方必须采取合理措施最大限度地减轻或减少因违约方违反本协议引起的损失，并有权从违约方获得为减轻、减少损失而发生的任何合理费用。

19.1.3　违约通知

除合同另有约定，任何一方未能根据合同履行任何义务，守约方可通知违约方，要求其在规定的合理时间内纠正并补救上述未履约义务。

19.1.4　违约适用

本条为本合同通用性违约处理和赔偿条款，在其他条款已约定相应违约处理和赔偿条款的，优先适用其他条款约定。

19.2　违约处理

本合同未明确约定违约责任的，按照如下约定执行。

任何一方发生违约行为，守约方可视其违约的程度行使下列全部或部分权利：

（1）要求违约方在指定期限内改正；

（2）按合同约定支付违约金，违约金不足以弥补损失的，要求违约方继续赔偿损失；

（3）继续履行本合同或按照本合同约定解除合同。

违约方对违约责任的承担并不能减轻或免除其在本合同项下的其他任何义务。双方获得上述违约赔偿的权利不影响其在本合同项下的终止权。

19.3　赔偿范围和标准

19.3.1　政府方的赔偿范围和标准

政府方的行政行为对项目公司财产权或其他权益造成侵害或损失的，应根据法律规定对项目公司损失予以赔偿。

政府方违约行为对项目公司的财产权或其他权益造成损害的，应按照法律规定和［专用条款］约定，对项目公司损失予以赔偿。

19.3.2　项目公司的赔偿范围和标准

除［专用条款］另有约定，因项目公司的违约行为对政府方的财产权或其他权益造成损害的，应承担赔偿责任。

20　争议解决

20.1　行政争议

对政府方作出的与本合同有关的行政行为，项目公司认为侵犯其合法权益的，有权依法申请行政复议或向人民法院依法提起行政诉讼。

20.2　民事争议

因本合同的订立、生效、变更、解除、履行和效力等产生的任何民事争议，合同各方有权依法申请仲裁或者向人民法院依法提起民事诉讼。

20.3　民事争议的解决

20.3.1　友好协商

因本合同引起的或与本合同有关争议，应尽力通过友好协商方式解决。协商达成一致的，合同各方应当签订补充协议并遵照执行。协商不成的，则应适用第 20.3.2 项［仲裁或诉讼］的规定。

20.3.2　仲裁或诉讼

因本合同引起的或与本合同有关民事争议，合同各方可在［专用条款］中约定以下一种方式解决争议：

（1）向约定的仲裁委员会申请仲裁；

（2）向有管辖权的人民法院提起诉讼。

20.4　争议期间合同的履行

除［专用条款］另有约定，争议解决过程中，合同各方对无争议部分应继续履行，保证公共服务的连续性和稳定性。任何一方不得以发生争议为由，擅自停止项目运营服务或采取其他影响公共利益的行为。

21　其他约定

21.1　知识产权

双方可就本合同涉及的合同一方或双方（含一方或双方相关的专利商、第三方设计单位或设计人）的技术专利、设计方案、专有技术、设计文件著作权等知识产权，签订补充协议，作为本合同的组成部分。

21.2　保密和信息披露

21.2.1　保密

本合同项下的保密信息指合同各方向其他方披露的，与本项目相关的所有技术、经营等书面、电子文档或其他形式的资料和信息。

除合同另有约定，合同各方应对本合同内容和本项目保密信息予以保密，未经对方同意，合同各方不得向合同以外的任何单位或个人披露或者泄露本合同和本项目所包含或涉及的任何内容，但以下情形除外：

（1）向为本项目提供服务的职员的披露；

（2）依法向有权了解本合同的司法、行政机关的披露；

（3）为满足本合同的生效条件而向有关部门或人员进行的披露；

（4）为本项目融资需要向金融机构或其他资金提供方进行的披露；

（5）根据法律规定需要披露的其他情形。

21.2.2　信息披露

合同各方有义务依法向社会公开有关本项目的批准、招标投标、土地征收、重大设计变更、施工、质量安全监督、竣工验收等有关信息，接受社会公众、新闻媒体的监督。

21.3　廉政反腐和不弃权

21.3.1　廉政反腐

合同各方一致声明，反对行贿、受贿等违法行为，承诺不因本项目提供或接受任何非法利益或报酬。因一方合同当事人的贿赂造成对方损失的，应赔偿损失，并承担相应的法律责任。

21.3.2　不弃权

除非以书面形式作出放弃，合同任何一方未坚持要求对方严格履行本合同中的任何条款，或未行使其在本合同项下约定的任何权利，均不视为对任何条款的放弃或对今后行使任何权利的放弃。

21.4　合作义务和通知

21.4.1　合作义务

合同各方应相互合作实现本合同目的，并应善意地行使和履行其在本合同项下的权利和义务。在此前提下，合同各方同意：

（1）合同一方需要取得合同另一方的同意或批准的，合同另一方无正当理由不得拒绝；

（2）合同履行期间，合同一方获悉或能够遇见某一事件或情形的发生将对任何一方履行其本合同义务或实施项目的能力造成重大不利影响，且其他方不能获悉该事件或情形的，该方应尽快将该事件或情形通知其他方。

21.4.2　通知

本合同项下的通知、同意、批准、证明或决定，均应采用书面形式，且必须以中文书写，通过专人递交、快递、挂号或传真至对方，不得无故被扣押或拖延。

如果合同当事人一方变更［专用条款］载明的联系方式，更改方必须在新的内容启用前通知对方。

21.5　法律适用及法律变更

21.5.1　法律适用

本合同的订立、效力、解释、履行、变更和争议的解决应受中国法律的管辖，并依其解释。

本合同适用的其他规范性文件，在［专用条款］中约定。合同履行期间，因国家、地方政府、行业颁布新的规范和标准等，致使本合同引用的规范和标准不再适用的，合同各方应确保本合同符合最新的规范和标准。

21.5.2　法律变更

本合同项下，法律变更是指在本合同全面实施和生效后，任何适用法律、行政法规、地方性法规、规章、自治条例、单行条例、规范性文件及政策等发生变化（包括颁布新的法律，废除或修改现行法律）或对此类法律的司法或正式政府解释有改变，并且导致以下情况：

（1）适用于由项目公司承担的税收、税收优惠发生任何变化；或

（2）对项目的建设、运营和移交的标准和要求发生任何变化。

如果由于法律变更使任何一方履行合同义务受到影响或阻碍的，受影响的一方应采取合理措施努力减少法律变更对本合同履行造成的影响，并尽快向另一方发出通知：

（1）已经引起或将引起建设期延误的，视为第 7. 3. 3 项［延期的提出与批准］第（3）目的延误原因，对此类延误给予延长建设期；

（2）构成变更的，按照第 7. 4 款［工程变更］的规定执行；

（3）导致运营成本变化，按照第 11. 2 款［服务收费价格及调整］的规定执行；

（4）需要增加资本性支出进行工况调整和设备改造的，按照第 8. 10 款［更新重置和提标改造］的规定执行。

如果法律变更导致一方不能继续履行本合同项下主要义务，或全部或部分权利无法实现的，合同各方应就继续履行本合同进行协商，无法达成一致的，可以按本合同第 18 条［合同终止和补偿］的约定终止本合同。

21. 6　补充条款

合同双方根据有关法律、行政法规规定，结合项目实际。经协商一致后，可以在［专用条款］中约定对通用合同条款中的内容具体化、变更或补充，也可以删除不符合本合同实际情况的条款。

第三部分　专用条款

1　一般约定

1.1　定义和解释

1.1.1　定义

本合同约定的其他定义：________________________________。

1.1.2　语言文字

本合同适用的语言文字：________________________________。

1.2　合同文件组成及优先解释次序

1.2.1　合同文件组成及优先解释次序

本合同的组成及优先解释顺序为：________________________________。

2　合同相关方

2.1　政府方

2.1.1　政府方基本情况

单位名称：________________________________；

社会组织社会统一代码：________________________________；

单位负责人：________________________________；

项目联系人：________________________________；

联系电话：________________________________；

电子邮箱：________________________________；

通信地址：________________________________。

2.1.2　政府方的基本权利

（8）政府方的其他基本权利：________________________________。

2.1.3　政府方的基本义务

（8）政府方的其他基本义务：________________________________。

2.2　项目公司

2.2.1　项目公司基本情况

单位名称：________________________________；

社会组织社会统一代码：________________________________；

法定代表人：________________________________；
项目联系人：________________________________；
联系电话：________________________________；
电子邮箱：________________________________；
通信地址：________________________________。

2.2.2　项目公司的基本权利

（4）项目公司的其他基本权利：________________________________。

2.2.3　项目公司的基本义务

（12）项目公司的其他基本义务：________________________________。

3　合作关系

3.2　合作内容

3.2.2　合作内容

本项目合作范围具体为：________________________________。

3.3　合作期限

3.3.1　合作期

关于合作期相关事项的说明：________________________________。

3.3.2　合作期的顺延

（4）合作期可以顺延的其他情形：________________________________。

4　项目总投资及资产权属

4.1　项目总投资

4.1.1　项目总投资的构成

项目总投资，包括：________________________________。

4.1.2　投资计划

项目应在________前编制项目投资计划，提交政府方批准。投资计划应包括：____。

其他与投资计划有关的事项：________________________________。

4.2　投资控制及监管

4.2.1　投资控制

（4）关于投资控制的其他事项：________________________________。

4.2.2　投资监管

（6）关于投资监管的其他事项：________________________________。

4.3 资产价值与权属

4.3.1 项目资产的构成

项目资产包括：______________________________。

4.3.2 项目资产的权属

关于项目资产所有权归属的约定：______________________________。

5 项目融资

5.1 融资方案

5.1.2 融资介入

关于融资介入的约定：______________________________。

（4）关于融资介入期限的约定：______________________________。

（5）关于融资介入的其他条件：______________________________。

5.1.3 融资方案与融资计划

关于融资方案的约定：______________________________。

项目公司向政府方提交融资方案调整申请的期限：______________________________。

项目公司应向政府方提供融资安排合理证明的期限：______________________________。

5.2 融资交割和资金到位

5.2.1 融资交割和融资交割宽限期

项目公司完成融资交割的期限：______________________________。

5.3 政府方提供的融资支持

政府方提供融资支持的约定：______________________________。

5.5 再融资

关于再融资事项的约定：______________________________。

6 前期工作

6.1 前期工作

6.1.1 前期工作内容

政府方应完成的前期工作，包括：______________________________。

6.1.2 项目公司对前期工作的认识

政府方应在____________前完成____________前期工作，并向项目公司移交前期工作成果。

6.1.4 前期工作费用

前期工作费用的相关约定：______________________________。

6.1.5 前期工作成果移交

前期工作成果移交的相关约定：____。

6.2　项目用地

6.2.1　项目用地的取得

项目合作期内，项目公司以________的方式取得建设用地，用地总面积为________平方米，其中，出让宗地面积________平方米，划拨宗地面积________平方米。

政府方同意在______年______月______日前将项目用地交付给项目公司，交付土地时项目用地达到本条第______项规定的条件：

场地平整达到____________________；周围基础设施达到____________________；

现状土地条件____。

6.2.3　征地、拆迁和安置

关于政府方未按约定提供项目用地的处理：________________________________。

6.3　工程设计

6.3.1　一般约定

设计单位的选择：经政府方和相关部门同意，______作为联合体中标人中承担勘察设计任务的单位，具有相应资质，可不进行招标，由项目公司直接委托______承担相应勘察设计工作。（第一章第5.5款选择B款适用，A款请删除此条）

6.3.2　设计范围

项目公司应完成工程设计的范围约定：____________________________________。

6.3.3　设计标准和要求

政府方对设计标准和要求：____。

6.3.4　设计文件的审查和批准

关于政府方负责工程设计文件的审查范围、审查标准和审查时限的约定：____。

7　工程建设

7.1　一般约定

工程建设单位的选择：经政府方和相关部门同意，______作为联合体中标人中承担工程建设任务的单位，具有相应资质，可不进行招标，由项目公司直接委托______承担相应工程建设工作。（第一章第5.5款选择B款适用，A款请删除此条）

7.1.1　建设内容

关于建设内容的约定：____。

7.1.2　建设期

关于建设期起始时间的约定：____。

7.1.3　建设标准和要求

政府方对项目建设标准的要求：________________。

7.2　建设义务

7.2.1　政府方提供的建设条件

（4）应当由政府方提供的其他条件________________。

7.2.2　政府方负责协调的事项

（3）政府方应负责协调的其他事项________________。

7.2.3　项目公司的建设义务

（7）项目公司应承担的其他建设义务________________。

7.3　计划与延期

7.3.1　建设进度计划

（4）建设进度计划应包含的其他内容________________。

7.3.2　开始建设

关于开始建设的具体时间：________________。

关于项目公司提交进度报告的约定：________________。

7.3.3　延期的提出与批准

（5）可以延长建设期的其他情形：________________。

关于项目公司提出延长建设期申请的其他约定：________________。

7.3.4　误期损害赔偿

项目公司承担误期损害赔偿的最高限额为：________________。

因项目公司原因造成进度延误导致项目终止的其他约定：________________。

7.4　工程变更

7.4.1　政府方提出的工程变更

关于政府方提出工程变更的其他程序要求：________________。

7.4.2　合理化建议

关于政府方发出书面通知的时限要求：________________。

7.5　调试与验收

7.5.1　调试

关于调试的其他要求：________________。

7.5.9　验收标准

污水厂施工验收应遵循的规范标准：________________。

整体竣工验收应满足的其他条件：________________。

7.6　项目建设投资的确认

7.6.1　项目建设投资的计价与确认

关于不属于建设成本构成内容的约定：______________________________。

7.6.2　过程确认

关于建设投资过程确认方式、依据、期限等的约定：____________________。

7.6.3　最终确认

关于编报竣工财务决算的约定：______________________________。

7.6.4　项目建设投资确认结果的使用

关于项目建设投资确认结果使用的约定：______________________________。

7.7　建设期监管

关于建设期监管的约定：______________________________。

7.8　建设期违约及处理

7.8.1　政府方违约情形及处理

（3）构成政府方违约的其他情形：______________________________。

政府方违约的处理方式：______________________________。

7.8.2　项目公司违约情形及处理

（2）构成项目公司建设期违约的其他情形：____________________。

8　运营和服务

8.1　一般约定

8.1.1　运营维护范围

运营维护范围为：______________________________。

8.1.2　运营维护期限

关于运营维护期限的其他约定：______________________________。

8.1.3　运营维护标准和要求

（5）对运营维护标准的其他要求：______________________________。

8.1.4　运营维护计划

关于大中修（更新）计划的其他要求：______________________________。

8.1.5　报告制度

项目公司履行报告义务应满足的要求：______________________________。

8.2　运营维护义务

8.2.1　项目公司的主要义务

项目公司应遵守的相关技术标准：______________________________。

（5）项目公司应承担的其他主要义务：______________________________。

8.2.2　政府方的主要义务

（4）政府方应承担的其他主要义务：______________________________。

8.3　试运营和正式运营

8.3.1　试运营

关于试运营的其他约定：________________。

8.3.2　正式运营

正式运营应具备的条件：________________。

关于政府方书面同意正式运营的时限约定：________________。

8.3.3　运营缺陷

关于运营缺陷的通知和修复的其他约定：________________。

8.4　运营维护手册

8.4.2　运营维护手册的内容

（5）运营维护手册的应包含的其他内容：________________。

8.5　水质与污泥

8.5.1　进水水质标准

进水水质主要指标：________________。

8.5.2　进水水质超标

关于进水水质超标的约定：________________。

8.5.3　出水水质标准

出水水质标准：________________。

8.5.4　出水水质超标

出水水质超标的处罚机制：________________。

8.5.5　处理量不足

正常运营期间的处理量不足的处罚机制：________________。

计划内暂停服务期间的处理量不足的处罚机制：________________。

计划外暂停服务期间的处理量不足的处罚机制：________________。

8.5.6　污泥处置

污泥的最大含水率约定：________________。

污泥处置的相关约定：________________。

8.6　水质检测

8.6.2　在线监测指标

在线监测指标的其他约定：________________。

8.6.3　人工检测

人工检测的其他约定：________________。

8.6.4　水样采集

水样采集的标准：________________。

水样储存的标准：________________________。

水样采集的其他约定：________________________。

8.6.5　指标检测

指标检测的其他约定：________________________。

8.7　水量计量

8.7.8　水量计量的其他约定：________________________。

8.8　年基本水量和超负荷水量

8.8.1　年基本水量的约定：________________________。

8.8.2　超负荷水量的约定：________________________。

8.9　暂停服务

8.9.1　计划内暂停服务

关于对检修通知内容和检修期内污水削减的其他约定：____________。

8.9.2　计划外暂停服务

关于因计划外暂停政府方行使介入权的约定：________________。

8.10　更新重置和提标改造

提标改造费用的承担方式：________________________。

8.11　运营期政府方监管

关于政府方实施运营期监管的约定：____________________。

8.12　运营期特别补偿

关于项目公司制订特殊事件处理方案内容，以及特别补偿适用的其他约定：____。

8.13　运营期违约和处理

8.13.1　政府方违约情形及处理

（3）关于构成运营期政府方违约的其他情形：________________。

8.13.2　项目公司违约情形及处理

（3）关于构成运营期项目公司违约的其他情形：______________。

9　绩效评价

9.1　绩效评价主体、范围与标准

9.1.2　绩效评价范围和标准

关于绩效评价范围的约定：________________________。

关于绩效评价标准的约定：________________________。

9.2　绩效评价程序

9.2.1　绩效评价时点

关于定期绩效评价的约定：________________________。

9.2.2　绩效评价程序

关于开展定期绩效评价程序的其他约定：________________。

9.3　绩效评价结果的应用

关于绩效评价结果应用的其他约定：________________。

9.4　中期评估

关于中期评估费用承担方式的其他约定：________________。

10　项目移交

10.1　一般约定

10.1.1　移交期限

关于移交过渡期的其他约定：________________。

10.1.2　移交方式

合作期届满，选择以下第______种方式移交。

（1）资产转让移交；

（2）经营权移交。

10.1.3　移交范围

（7）合作期届满移交的其他内容：________________。

10.1.4　移交标准和要求

（7）合作期届满移交的其他标准和要求：________________。

10.3　移交准备

10.3.1　移交工作组

关于移交工作组成立时间的约定：________________。

10.3.2　移交清单与移交方案

关于移交工作组指定移交方案时间的约定：________________。

10.3.3　移交前的修复

关于移交前修复的其他约定：________________。

10.3.4　备品备件

关于移交备品备件内容和质量的其他约定：________________。

10.3.5　人员和人员培训

关于移交前人员安置和对政府方人员培训的其他约定：________________。

10.4　移交日

关于移交日的其他约定：________________。

10.8　移交缺陷责任期

关于移交缺陷责任期的其他约定：________________。

11　合同价格与付款

11.1　收入和结算

11.1.1　污水处理服务费

污水处理服务费的计算办法：________________________________。

11.1.2　其他经营性收入

其他经营性收入的来源：________________________________。

关于其他经营性收入的分配比例的约定：________________________。

关于其他经营性收入的其他约定：____________________________。

11.2　服务收费价格及调整

11.2.1　服务收费价格

关于污水处理服务费价格的其他约定：________________________。

11.2.2　污水处理服务收费价格的调整

污水处理服务费价格调整办法：______________________________。

11.3　开票和付款

11.3.1　账单和票据

关于项目公司向政府方提交污水处理服务费付款通知账单的时间及需附送证明资料的其他约定：____。

11.3.2　付款安排

关于政府方支付污水处理服务费的起付时间、每期付款时限等其他约定：______。

付款银行账号信息：____。

11.3.3　延误的付款

关于计算延误付款利息的利率约定：__________________________。

11.4　奖补资金

建设期获得补助资金，对应污水处理付费价格的调整约定：____________。

11.5　财务监管

11.5.3　专用账户的设置及监管

关于要求项目公司设立专用账户的具体要求：____________________。

11.6　违约事项及处理

政府方付款违约的违约金计算办法：__________________________。

12　违约金

12.3.1　其他违约情形

（18）其他违约情形：______________________________________。

12.3.2　违约金标准

（5）违约处理机制：____。

12.4　项目公司违约金的支付

违约金支付的其他约定：____。

13　合同变更

13.1　一般约定

（3）合同变更应遵守的其他原则：________________________________。

13.2　合同变更的程序

13.2.1　合同变更的提出

关于提出合同变更的其他约定：________________________________。

13.2.2　合同变更的确认

关于合同变更确认的其他约定：________________________________。

14　权利义务转让

运营期股权转让限制年限的约定：______________________________。

15　担保、保险和保障

15.1　履约担保

15.1.1　建设履约担保

关于建设履约担保形式和退还时间的其他约定：____________________。

15.1.2　运营履约担保

关于运营履约担保形式和退还时间的其他约定：____________________。

15.1.3　移交履约担保

关于移交履约担保形式和退还时间的其他约定：____________________。

15.1.4　费用承担及金额补足

关于在提取履约担保后恢复保证或保函金额时限的约定：______________。

15.1.5　不当兑取

关于政府方不当兑取后计息的约定：____________________________。

15.2　保险

关于项目公司应投保的险种、责任范围、保险金额、保险期间、被保险人的约定：

____。

16　不可抗力

16.2　不可抗力事件的认定和评估

关于对不可抗力事件认定和评估相关事项的其他约定：________________________。

16.3　不可抗力通知

关于不可抗力通知发出的时间约定：____。

16.4　不可抗力事件的处理

16.4.2　不可抗力的一般后果

关于对不可抗力事件处理和后果承担的其他约定：____________________________。

16.4.3　长期不可抗力导致的终止

关于因对不可抗力导致合同终止的条件的其他约定：__________________________。

17　临时接管和应急管理

17.1.1　临时接管的情形

（7）临时接管的其他情形：____。

18　合同终止和补偿

18.1　政府方的终止

关于符合政府方终止合同条件的其他要求：__________________________________。

18.2　项目公司的终止

关于符合项目公司终止合同条件的其他要求：________________________________。

18.6　合同终止后的补偿

关于合同终止后补偿金额的计算办法：______________________________________。

19　违约处理和赔偿

19.3　赔偿范围和标准

19.3.2　项目公司的赔偿范围和标准

关于项目公司违约赔偿范围的其他约定：____________________________________。

20　争议解决

20.3　民事争议的解决

20.3.2　仲裁或诉讼

因本合同引起的或与本合同有关的民事争议选择______________________________
________的方式解决。

20.4　争议期间合同的履行

关于争议期间合同的履行的其他约定：______________________________。

21　其他约定

21.4　合作义务和通知

21.4.2　通知

政府方接收文件的地点：______________________________；

政府方指定的接收人为：______________________________。

项目公司接收文件的地点：______________________________；

项目公司指定的接收人为：______________________________。

21.5　法律适用及法律变更

21.5.1　法律适用

本合同适用的其他规范性文件：______________________________。

21.6　补充条款

____。

第七章　投标文件格式

__________省（自治区、直辖市）

__________（PPP 项目名称）选择社会资本方招标

投 标 文 件

招标人[①]：__________________________（盖单位章）

法定代表人或其委托代理人：__________（签字）

__________年__________月__________日

① 投标人如为联合体，应填写联合体所有成员的全称。

目　　录

一、投 标 函

致：＿＿＿＿＿＿（招标人名称）

我方已经仔细阅读了＿＿＿＿（PPP 项目名称）选择社会资本方招标文件的全部内容，兹以人民币（大写）：＿＿＿元/立方米（¥：＿＿＿元/立方米）的污水处理服务费投标报价和按合同约定有权得到其他权益，严格按照招标文件和合同约定完成本项目的投融资、建设、运营维护和移交等全部工作。

本投标函及随本投标函递交的投标函附录（如有）是本投标文件的组成部分。我方同意本投标文件自投标文件递交当日起＿＿＿日内保持有效，该规定对我方具有约束力。如果我方中标，贵方的招标文件、中标通知书和我方的投标文件均为我方与招标人签订的法律文件的组成部分。

随同本投标函递交投标保证金一份，金额为人民币（大写）：＿＿＿元（¥：＿＿＿元）。

我方在此声明，所递交的投标文件及有关资料内容完整、真实和准确，且不存在第二章“投标人须知”第 1.4.3 项规定的任何一种情形。

如果中标，我方将按照招标文件的要求向政府方提交履约保证金并向招标代理机构足额支付服务费。

我方保证不在投标过程中参与不正当竞争行为。如果我方涉嫌参与任何不正当竞争行为，招标人和招标代理机构有权报告行政监督部门并查处。

投 标 人：＿＿＿＿＿＿＿＿＿（盖单位章）

或法定代表人或其委托代理人：＿＿＿＿＿（签字）

＿＿＿年＿＿＿月＿＿＿日

二、 法定代表人身份证明及授权委托书

（一）法定代表人身份证明

投标人名称：____________________

姓名：____________　性别：____________

年龄：____________　职务：____________

系____________________（投标人名称）的法定代表人。

特此证明。

附：法定代表人身份证复印件。

投　标　人：____________________（盖单位章）

______年______月______日

注：本身份证明需由投标人加盖单位章。

（二）授权委托书

本人______（姓名）系____________（投标人名称）的法定代表人，现委托____（姓名）为我方代理人。代理人根据授权，以我方名义签署、澄清、说明、补正、递交、撤回、修改__________（PPP 项目名称）选择社会资本方招标投标文件、签订合同和处理有关事宜，其法律后果由我方承担。

委托期限：自本委托书签署之日起至投标有效期期满。

代理人无转委托权。

附：法定代表人身份证复印件及委托代理人身份证复印件。

投　标　人：__________________（盖单位章）

法定代表人：____________________（签字）

身份证号码：________________________

委托代理人：____________________（签字）

身份证号码：________________________

______年______月______日

注：本授权委托书需由投标人加盖单位章并由其法定代表人和委托代理人签字。

三、　联合体协议书（如有）

_______________（所有成员单位名称）自愿组成联合体，共同参加___________（PPP 项目名称）选择社会资本方招标投标。现就联合体投标事宜订立如下协议。

1. ____________（某成员单位名称）为联合体牵头人。

2. 联合体成员授权牵头人代表联合体参加投标活动，签署文件，提交和接收相关的资料、信息及指示，进行合同谈判活动，负责合同实施阶段的组织和协调工作，以及处理与本招标项目有关的一切事宜。

3. 联合体牵头人在本项目中签署的一切文件和处理的一切事宜，联合体成员均予以承认。联合体各成员将严格按照招标文件、投标文件和合同的要求全面履行义务；并向招标人承担连带责任。

4. 如中标，联合体各方应当共同与招标人签订项目投资协议，联合体各方共同组建的项目公司注册成立后应与招标人签订 PPP 项目合同，对本项目的筹划、资金筹措、建设实施、运营管理、债务偿还和资产管理等全过程负责，自主经营，自负盈亏，并在 PPP 项目合同规定的项目合作期满后，按照 PPP 项目合同的约定将项目设施及相关权利等无偿移交给政府或由其指定的其他机构。

5. 联合体各成员单位内部的出资及收益分配约定如下：______________________。

a. ____________（牵头人名称）在项目公司所占的出资（或股份）比例为____%，__________（成员一名称）在项目公司所占的出资（或股份）比例为____%……

b. 项目资本金的分期到位时间：______________________________________。

c. 有关收益分配的约定：____。

6. 联合体各成员单位内部的职责分工如下：______________________________。

7. 本协议书自所有成员单位法定代表人签字并加盖单位章之日起生效，合同履行完毕后自动失效。

8. 本协议书一式______份，联合体成员和招标人各执一份。

联合体牵头人名称：____（盖单位章）

法定代表人或其委托代理人：_________________________________（签字）

成员一名称：____（盖单位章）

法定代表人或其委托代理人：_________________________________（签字）

成员二名称：________________________________（盖单位章）

法定代表人或其委托代理人：________________________（签字）

……

_____年_____月_____日

注：本协议书由法定代表人签字的，应附法定代表人身份证明；由委托代理人签字的，应附授权委托书。

四、投标保证金

若采用现金或支票，投标人应在此提供汇款凭证的复印件。

如采用银行保函，银行保函复印件装订在投标文件中，格式如下：

投 标 保 函

________________（招标人名称）：

鉴于________________（投标人名称，以下称“投标人”）于______年______月______日参加______________（PPP 项目名称）选择社会资本方招标投标，__________（担保人名称，以下简称我方）无条件地、不可撤销地保证：投标人在规定的投标文件有效期内撤销或修改其投标文件的，或者投标人在收到中标通知书后无正当理由拒签合同，或在签订合同时向招标人提出附加条件，或拒交规定履约担保的，我方承担保证责任。收到你方书面通知后，在 7 日内无条件向你方支付人民币（大写）________元。

本保函在投标有效期内保持有效。要求我方承担保证责任的通知应在投标有效期内送达我方。你方延长投标有效期的决定，应通知我方。

担保人名称：________________（盖单位章）

法定代表人或其委托代理人：____________（签字）

地　　址：________________________

邮政编码：________________________

电　　话：________________________

传　　真：________________________

______年______月______日

五、 投标文件资格审查资料 （如有）

（适用已进行资格预审的）

若已通过资格预审的投标人资格条件有变化时，应按第二章“投标人须知”第3.5.1项和第3.5.2项的规定更新或补充其在申请资格预审时提供的资料并附相关证明资料，以证实其各项资格条件仍能继续满足资格预审文件的要求，主要内容包括：

（1）投标人名称变化；

（2）投标人发生合并、分立、破产等重大变化；

（3）投标人财务状况、经营状况发生重大变化；

（4）其他与资格预审时发生变化的情况说明。

若已通过资格预审的投标人资格条件没有变化时，则需附承诺书承诺投标人的资格条件无变化，承诺书格式自拟。

五、 投标文件资格审查资料 （如有）

（适用未进行资格预审的）

（一）投标人基本情况表

<table>
<tr><td>申请人名称</td><td colspan="4"></td></tr>
<tr><td>注册地址</td><td colspan="2"></td><td>邮政编码</td><td></td></tr>
<tr><td rowspan="2">联系方式</td><td>联系人</td><td></td><td>电话</td><td></td></tr>
<tr><td>传真</td><td></td><td>电子邮件</td><td></td></tr>
<tr><td>法定代表人</td><td>姓名</td><td></td><td>电话</td><td></td></tr>
<tr><td>成立时间</td><td colspan="2"></td><td>员工总人数</td><td></td></tr>
<tr><td>统一社会信用代码</td><td colspan="2"></td><td>企业类型</td><td></td></tr>
<tr><td>注册资本</td><td colspan="2"></td><td>总资产</td><td></td></tr>
<tr><td>净资产</td><td colspan="2"></td><td>资信等级</td><td></td></tr>
<tr><td>基本账户开户银行</td><td colspan="4"></td></tr>
<tr><td>基本账户账号</td><td colspan="4"></td></tr>
<tr><td>经营范围</td><td colspan="4"></td></tr>
<tr><td>投资参股的
关联企业情况</td><td colspan="4"></td></tr>
<tr><td>备注</td><td colspan="4"></td></tr>
</table>

注：1. 在本表后应附投标人营业执照副本、基本账户证明材料、银行资信等级副本（如有）、资质证书副本（如有）的复印件，并逐页加盖投标人单位章。

2. 在本表后应附投标人情况的简介。

3. 以上资料以最近一年度数据为准。

4. 以联合体形式申请的，联合体成员应分别填写并提供证明材料。

附：营业执照（或商务登记书）复印件

注：以联合体形式申请的，联合体成员应分别填写并提供证明材料。

附：基本账户开户证明复印件

（二）近年财务状况表

财务数据 （人民币等值）	______年 （人民币万元）	______年 （人民币万元）	______年 （人民币万元）
注册资本			
总资产			
流动资产			
负债总额			
流动负债			
所有者权益			
税前利润			
经营活动产生的现金流量			
投资活动产生的现金流量			
筹资活动产生的现金流量			
税后利润			
资产负债率			

注：1. 需后附______—______年投标人经过会计师事务所或者审计机构审计的财务会计报表，包括资产负债表、现金流量表、利润表和财务情况说明书的复印件。

2. 外币报表以财务报表报告日当日中国人民银行公布的外汇与人民币兑换牌价的中间价予以折算。

3. 以联合体形式投标的，联合体成员应分别填写并提供证明材料。

（三）近三年经营活动中无重大违法记录承诺书

注：1. 格式及内容自拟，加盖投标人单位章。

2. 以联合体形式申请资格预审的，联合体成员应分别提供。

（四）依法纳税及缴纳社会保障资金情况

参加本次招标活动前______个月内依法纳税和缴纳社保的凭据。

（五）投融资能力证明

（六）资质证明[①]

需提供加盖申请人公章的资质证书复印件，若申请人为联合体，则加盖牵头人公章。原件带至资格预审现场备查。

① 第一章第5.5款选择B款适用。

（七）近______年相关或类似业绩一览表

序号	项目名称	签约时间	项目情况描述（投资、建设或运营）	运营起止时间	日处理规模	合同履约情况	业主单位和电话

注：1. 后附委托合同（含特许经营协议/PPP项目合同等，包括但不限于合同首页、关键内容页和签字盖章页）、运营证明（包括但不限于环保竣工验收证明、项目进入运营阶段的书面证明材料等）。

2. 资格审查申请文件中装订证明文件复印件，业绩原件在预审时现场审核。

六、 项目实施计划

1. 投标人应按第二章“投标人须知”的规定，并结合第四章“评标办法”的评审因素，依照本篇所附的内容认真编制项目实施计划。

2. 投标人提交的项目实施计划将作为对投标文件进行综合评审的主要依据，该计划也是进行合同确认谈判、组建项目公司及政府及其相关部门对项目各实施阶段进行监督管理的依据。

3. 项目实施计划应包含（但不限于）以下内容，投标人可根据招标项目的特点和自身的实际情况做适当的补充，并对所编写各项内容进行详细论述，以证明投标人各项计划与方案的合理性和可行性。

（1）项目投融资方案

投标人可根据招标项目的特点和自身的实际情况，制订切实可行的资金筹措方案，详细说明项目资本金和其他所需建设资金的额度、来源，并对来源的可靠性、资金的到位和使用计划、财务管理及保障措施进行论证和说明。同时，投标人应就投标报价提供详细的报价测算计算过程。

（2）项目公司组建方案

详细说明项目公司的成立时间、注册资金、注册地点、内部治理结构、机构设置及职责等内容，方案应对招标文件第三章“项目概况及招标边界”作出实质性响应。

（3）项目建设方案

投标人应对项目建设的组织和管理提出详尽的实施方案和计划，具体内容包括但不限于：工程建设活动的组织和管理方式、HSE 管理方案、质量、进度和造价的控制措施、采购与物资管理方案，以及机组调试及启动试运方案等。

（4）项目运营维护方案

投标人应对项目运营和维护管理提出详尽的实施计划，包括但不限于：拟投入运营管理的人力资源情况、运营维护的质量和绩效目标、对生产运营过程中产生的废气、噪声等污染物的排放控制措施，以及项目公司内部管理、合同管理、项目资产管理等组织和计划。

（5）项目移交方案

对合作期届满后的移交前准备工作（含恢复性大修和性能检测）、移交过渡期安排和移交程序，以及移交后的缺陷责任期等内容提出合理、可行的计划和安排。

（6）项目保障措施

基于以上方案应对废水、废气、噪声及固体废弃物处置等环境保护、安全生产的技术和组织保障，以及对突发事件（如公共卫生事件时产生的特殊污水等）应急处理等，提出有针对性、科学合理切实可行的具体措施。

（7）对招标文件中合同文本的响应和合理化建议（如有）

七、其他资料

投标人认为必要的其他资料。

第八章　招标文件附件

附件 1：项目可行性研究报告的批复文件；

附件 2：项目实施方案批准文件；

附件 3：实施机构授权文件；

附件 4：技术需求文件；

……

政府和社会资本合作（PPP）项目
选择社会资本方资格预审文件示范文本

（污水处理项目）

使 用 说 明

一、为规范政府和社会资本合作（Public－Private Partnership，以下均简称 PPP）污水处理项目选择社会资本方招标资格预审文件编制工作，中国招标投标协会组织北京大岳咨询有限责任公司和国内专家编写《政府和社会资本合作（PPP）项目选择社会资本方资格预审文件示范文本（污水处理项目）》（以下简称《污水处理 PPP 项目资格预审示范文本》）。

二、《污水处理 PPP 项目资格预审示范文本》的编制依据主要是《中华人民共和国招标投标法》《中华人民共和国政府采购法》以及相关法律法规和规范性文件。《污水处理 PPP 项目资格预审示范文本》中对政府采购法律法规体系与招标投标法律法规体系不同的地方进行了单独标注，如无特别说明，则以招标投标法律法规体系的相关规定为准。

三、《污水处理 PPP 项目资格预审示范文本》以采用 BOT（建设—运营—移交）运作方式编写，可直接适用于通过公开招标方式选择社会资本方的政府和社会资本合作（PPP）污水处理项目。采用其他项目运作方式的，也可参照使用。

四、招标人根据《污水处理 PPP 项目资格预审示范文本》编制项目资格预审文件时，可根据招标项目的具体特点和实际需要，对相关条款进行修改、补充或细化，但修改、补充或细化的内容不得违反法律、行政法规的强制性规定和平等、自愿、公平、诚实信用原则。

五、《污水处理 PPP 项目资格预审示范文本》用相同序号标示的章、节、条、款、项、目，供招标人选择使用；以空格标示的部分，招标人可根据招标项目具体特点和实际需要进行填写，确实没有需要填写的，在空格中以“/”标示。

六、招标人应将实际发布的资格预审公告编入出售的资格预审文件中，作为资格预审文件的组成部分。

七、《污水处理 PPP 项目资格预审示范文本》第三章“资格审查办法”分别规定合格制和有限数量制两种资格审查方法，招标人可根据招标项目具体特点和实际需要选择使用。第三章“资格审查办法”前附表中已列明的审查因素和标准仅作为参考范例，招标人应根据招标项目具体特点和实际需要对这些内容进行全面的审查和修改，详细列明全部审查或评审因素和审查标准，没有列明的因素和标准不得作为资格审查的依据。

八、采用电子招标投标的，招标人应按照国家有关规定，结合项目具体情况和交易平台操作特点，在资格预审文件中载明潜在申请人访问电子招标投标交易平台的网址和方法，并相应修改、补充、完善相关条款。

九、各使用单位或个人在使用过程中存在问题和建议，可向中国招标投标协会（联系地址：北京市西城区月坛南街59号新华大厦10层，邮箱：bangongshi@ctba.org.cn）及时反馈，以便修订时补充和完善。

目　　录

__________ 省（自治区、直辖市）

__________（PPP 项目名称）选择社会资本方

资格预审文件

招　标　人：__________（盖单位章）

招标代理机构：__________（盖单位章）

_____年_____月_____日

第一章　资格预审公告

________（PPP项目名称）选择社会资本方资格预审公告

1 招标条件

本招标项目________（PPP项目名称）（项目编号：________）已由________（政府机关名称）以________（批准文号）批准采用政府和社会资本合作（PPP）模式实施。招标人是________，现委托________（招标代理机构）对PPP项目社会资本方进行公开招标，特邀请有兴趣的潜在投标人（以下简称申请人）参加投标。

2 项目概况①

简述项目名称、性质、建设地点、建设内容与规模、项目投资估算、处理工艺、关键设备、进出水水质，以及污染物排放标准等。

3 招标范围

本次招标范围为选择________（PPP项目名称）的社会资本方。

4 合作内容

4.1 运作方式

本项目采取建设—运营—移交（Build-Operate-Transfer，BOT）的方式运作。中标后，社会资本方须按批准的项目实施方案和招标文件的规定依法成立项目公司，由项目公司负责本项目的投融资、建设、运营维护，并于合作期满后将项目资产及相关权利无偿移交给政府或其指定机构。

4.2 合作范围

合作期内，项目公司应按照PPP合同约定负责本项目合作范围内的新建项目设施的设计、投融资、建设、运营维护和移交工作。

本项目新建污水处理厂：________________。

① 本条内容与经批准的可行性研究报告或核准文件或备案信息以及实施方案内容保持一致。

4.3　合作期限

合作期限：______年（含______年建设期和______年运营期）。

4.4　回报机制

合作期内，项目公司提供污水处理服务，通过收取污水处理服务费收回投资及成本，并获得合理回报，合作期满后，项目公司将污水厂全部设施及相关的技术资料、合同等完好、无偿移交给政府或其指定机构，同时，政府无偿收回项目土地使用权。

污水处理服务费以单价和水量（基本水量按开始商业运行日后的第1年为______万立方米/日，第2年为______万立方米/日，第3年为______万立方米/日，第4年至合作期结束为______万立方米/日进行设置）为基础计算。

4.5　投融资结构

本项目总投资______万元，项目资本金应不低于总投资的______%（共计______万元），其余部分可通过债务资金解决。

5　申请人资格要求

5.1　基本要求

（1）在中国（含港、澳、台）依法注册的企业法人或其他组织，且合法存续，没有处于被吊销营业执照、责令关闭或者被撤销等不良状态；

（2）具有健全的财务会计制度，最近连续______年（______—______年度）每年经营状况均为盈利（以具有法定资格的第三方审计机构出具的财务报告为准），没有处于主要财产被接管、查封、冻结等严重影响合同履行或者承担项目能力的状态；

（3）有依法缴纳税收和社会保障资金的良好记录。

5.2　投融资能力要求

申请人应具有履行合同所必需的投融资实力，具有不低于人民币______亿元的投资能力和不低于人民币______亿元的融资能力，并提供相关证明文件（如银行出具的存款证明文件、母公司支持文件、银行出具的处于有效期内的可用授信额度证明或处于有效期内的银行授信协议、贷款意向书等【视实际需要而定】）。

5.3　业绩要求

申请人应具有投资和运营污水处理厂所必需的专业技术能力，近______年，在国内具有至少______个单厂污水日处理规模≥______万立方米的污水处理特许经营或PPP项目业绩。

5.4　信用要求

商业信誉良好，参加本次投标活动的前三年内，在经营活动中无重大违法记录。未被“信用中国”网站（www.creditchina.gov.cn）列为失信被执行人和重大税收违法案件当事人名单，未被列入“国家企业信用信息公示系统”（www.gsxt.gov.cn）严重违法失信名单，也未被省级及以上行业主管部门或其他行政监督部门取消招标项目所在地的投标资格且处于有效期内。

5.5　资质要求①

A. 招标完成后，项目公司应根据适用法律法规委托具有相应资质的设计单位、施工单位完成工程设计和建设。

B. 申请人（或联合体中承担设计任务的一方）须具备市政行业（排水工程专业）______级工程设计资质或工程设计综合______级资质；申请人（或联合体中承担施工任务的一方）须具备市政公用工程施工总承包______级或以上资质。

5.6　联合体资格要求②

A. 本次资格预审不接受联合体资格预审申请。

B. 本次资格预审接受联合体资格预审申请。联合体申请资格预审的，还应满足下列要求：

（1）联合体成员不得超过______家。

（2）联合体牵头人应为联合体内部出资比例最大的一方，且出资比例不应低于______%。

（3）其他：______________________________（如有）。

5.7　与招标人存在利害关系可能影响招标公正性的单位，不得提出资格预审申请。单位负责人为同一人或存在控股、管理关系的不同单位，同时提出资格预审申请的，最多只能有一家单位通过资格预审。

5.8　其他要求：______________________________（如有）。

6　资格预审方法

本次资格预审采用＿（合格制/有限数量制）＿。③

7　资格预审文件的获取

7.1　请申请人于______年______月______日至______年______月______日④（法定公休日、法定节假日除外），每日上午______时至______时，下午______时至______时（北京时间，下同），持有效营业执照复印件、法定代表人身份证明或经办人的身份证明和授权委托书，在______________（详细地址）购买资格预审文件。

---

① 招标人应根据项目需要选择适用 A 款或 B 款。

② 根据实际情况，招标人应视是否接受联合体投标选择适用 A 款或 B 款。

③ 资格预审审查可以采用“合格制”或“有限数量制”，应视实际需要合理选择。无特殊情况，建议采用“合格制”。

④ 资格预审文件的发售期不得少于 5 日。适用政府采购法时资格预审文件的发售期不得少于 5 个工作日。

7.2　资格预审文件每套售价______元，售后不退。

邮购资格预审文件的，需另加手续费（含邮费）______元。招标人在收到上述材料和邮购款（含手续费）后______日内寄送。

8　资格预审申请文件的递交

8.1　递交资格预审申请文件截止时间①（申请截止时间，下同）为______年____月____日____时____分，申请人应于当日____时____分至____时____分将资格预审申请文件递交至____________________________（详细地址）。

8.2　逾期送达或者未送达指定地点或者未按要求密封的资格预审申请文件，招标人将拒收。

9　发布公告的媒体②

本次资格预审公告已在中国招标投标公共服务平台上发布，同时在__________（发布公告的其他媒介名称）上发布。

10　联系方式

招 标 人：____________________	招标代理机构：____________________
地　　址：____________________	地　　　址：____________________
邮政编码：____________________	邮 政 编 码：____________________
联 系 人：____________________	联　系　人：____________________
电　　话：____________________	电　　　话：____________________
传　　真：____________________	传　　　真：____________________
电子邮箱：____________________	电 子 邮 箱：____________________
______年______月______日	______年______月______日

① 提交资格预审申请文件的时间，自资格预审文件停止发售之日起不得少于 5 日。适用政府采购法时，资格预审文件自开始发售之日起至申请人递交资格预审文件截止时间止，不得少于 15 个工作日。

② 按照《政府和社会资本合作项目政府采购管理办法》（财库〔2014〕215 号）规定，资格预审公告还应当在省级以上人民政府财政部门指定的政府采购信息发布媒体上发布。在不同媒介发布的同一招标项目的资格预审公告的内容应当一致。

第二章　申请人须知

申请人须知前附表①

条款号	条 款 名 称	编 列 内 容
1.1.2	招标人	名　　称： 地　　址： 联 系 人： 电　　话： 传　　真： 电子邮箱：
1.1.3	招标代理机构	名　　称： 地　　址： 联 系 人： 电　　话： 传　　真： 电子邮箱：
1.1.4	项目名称	
1.1.5	项目建设地点	
1.2.1	项目总投资	
1.2.2	项目资本金比例②	
1.2.3	资金来源	
1.3.1	招标范围	
1.3.2	运作方式	本项目采取建设—运营—移交（BOT）的方式运作，由项目公司承担项目的融资、建造、运营和维护，合作期满后将项目资产及相关权利等无偿移交给政府或其指定机构【视实际情况需要选择合适的运作方式】
1.3.3	项目合作期	______年（含______年建设期）
1.3.4	项目绩效目标	

① a. 申请人须知前附表用于进一步明确正文中的未尽事宜，由招标人根据招标项目具体特点和实际需要编制和填写，但务必做到与资格预审文件中其他章节的衔接，与本章正文内容不一致的，以前附表填写的内容为准。

b. 申请人须知前附表中的附录表格同属申请人须知前附表内容，具有同等效力。

② 项目资本金必须满足国务院规定的最低比例要求。

续表

条款号	条款名称	编列内容
1.4.1	申请人资格要求	见资格预审公告
1.4.2	联合体	□不接受 □接受，应当满足下列要求： （1）联合体所有成员数量不得超过______家； （2）联合体牵头人在联合体内部出资比例应不低于______%； （3）……
1.4.3	申请人不得存在的其他关联情形	
2.2.1	申请人要求澄清资格预审文件	时间：______年____月____日____时____分 形式：______________________________
2.2.2	资格预审文件澄清发出的形式	
2.2.3	申请人确认收到资格预审文件澄清	时间：收到澄清后____小时内（以发出时间为准） 形式：______________________________
2.3.1	资格预审文件修改发出的形式	
2.3.2	申请人确认收到资格预审文件修改	时间：收到修改后____小时内（以发出时间为准） 形式：______________________________
3.1.1	构成资格预审申请文件的其他资料	
3.3.2	资格预审申请文件副本份数及其他要求	资格预审申请文件副本份数：______________ 是否要求提交电子版文件：______________ 其他要求：______________
3.3.3	装订的其他要求	
4.1.1	文件密封要求	密封完好，密封封面加盖单位章 联合体申请的，盖牵头人单位章即可

续表

条款号	条款名称	编 列 内 容
4. 1. 2	封套上写明	招标人地址：____________________ 招标人全称：____________________ ____________（PPP 项目名称）选择社会资本方招标资格预审申请文件在______年____月____日____时____分前不得开启 申请人地址：____________________ 申请人全称：____________________
4. 2. 3	是否退还资格预审申请文件	□否 □是，退还时间：____________________
5. 1. 2	资格审查委员会的组成①	
5. 2	资格审查方法	□合格制 □有限数量制，最多通过资格评审的数量为：____________
6. 1	资格预审结果的通知时间	
6. 3	确认是否参加投标	收到投标邀请书后____小时内（以发出时间为准）予以确认
7. 4. 1	监督部门	监督部门：____________________ 地　　址：____________________ 电　　话：____________________ 传　　真：____________________ 邮政编码：____________________
需要补充的其他内容		
…		……
…		……

① 资格审查委员会应由 7 人以上的单数组成，其中审查专家人数不得少于资格审查委员会成员总数的 2/3。审查专家可以由招标人自行选定，但审查专家中至少应当包含 1 名财务专家和 1 名法律专家。

1 总则

1.1 项目概况

1.1.1 根据有关法律、法规和规章的规定，本招标项目已具备招标条件，现进行公开招标，特邀请有兴趣的申请人对本项目的社会资本方招标提出资格预审申请。

1.1.2 招标人：见申请人须知前附表。

1.1.3 招标代理机构：见申请人须知前附表。

1.1.4 项目名称：见申请人须知前附表。

1.1.5 项目建设地点：见申请人须知前附表。

1.2 项目总投资、资本金比例和资金来源

1.2.1 项目总投资：见申请人须知前附表。

1.2.2 项目资本金比例：见申请人须知前附表。

1.2.3 资金来源：见申请人须知前附表。

1.3 招标范围、运作方式、项目合作期和绩效目标

1.3.1 招标范围：见申请人须知前附表。

1.3.2 运作方式：见申请人须知前附表。

1.3.3 项目合作期：见申请人须知前附表。

1.3.4 项目绩效目标：见申请人须知前附表。

1.4 申请人资格要求

1.4.1 本项目对申请人法人资格、财务状况、投融资能力、信用和其他要求：见申请人须知前附表。

1.4.2 申请人须知前附表规定接受联合体申请资格预审的，联合体除应遵守申请人须知前附表的要求外，还应遵守以下规定：

（1）联合体成员数量要求：见申请人须知前附表；

（2）联合体各方须按照资格预审文件提供的格式签订联合体协议书，明确联合体牵头人和各方的权利义务、出资额和出资比例，并承诺一旦中标，联合体各方将向招标人承担连带责任；

（3）联合体参与本项目申请的，联合体各方均应参股项目公司，牵头人出资比例须满足申请人须知前附表的规定；

（4）联合体中有同类资质的申请人按照联合体分工承担相同工作的，应当按照资质等级较低的申请人确定资质等级；

（5）联合体各方不得再以自己的名义单独在本项目中提出申请，也不得组成新的联合体参加本项目申请；

（6）联合体各方均应分别按照本文件的要求，填写文件中的相应表格，并由牵头

人法定代表人或其授权代表负责签署本次投标相关资料；联合体牵头人所提交的申请文件应认为已代表了联合体各成员的意思和真实情况；

（7）通过资格预审的联合体，未经招标人书面同意，联合体成员的组成或职责及出资比例均不得变动。

1.4.3　申请人（包括联合体各成员）不得与本项目相关单位存在下列关联关系：

（1）为招标人不具有独立法人资格的附属机构（单位）；

（2）与招标人存在利害关系可能影响招标公正性；

（3）为本次招标的招标代理机构；

（4）与本次招标的招标代理机构同为一个法定代表人；

（5）法律法规或申请人须知前附表规定的其他情形。

1.5　申请人信用查询及注意事项

（1）信用信息查询的时间节点及查询人员：申请文件递交截止时间当日由招标人/招标代理机构查询；

（2）查询渠道[①]："信用中国"网站（www.creditchina.gov.cn）、"国家企业信用信息公示系统"（www.gsxt.gov.cn）；申请人为港澳台企业的，可提供无失信被执行情形、无严重违法失信行为的声明。

（3）信用信息查询记录和证据留存具体方式：将经查询存在不良信用记录的潜在申请人的查询结果网页截图作为查询记录和证据，与其他招标文件一并保存。

1.6　费用承担

申请人准备和参加资格预审发生的费用自理。

1.7　语言文字

来往文件使用的语言文字为中文。专用术语使用外文的，应附有中文注释。

2　资格预审文件

2.1　资格预审文件的组成

2.1.1　本次资格预审文件包括资格预审公告、申请人须知、资格审查办法（合格制）、项目概况及边界条件、资格预审申请文件格式和附件，以及根据本章第2.2款对资格预审文件的澄清和第2.3款对资格预审文件的修改。

2.1.2　当资格预审文件、资格预审文件的澄清或修改等在同一内容的表述上不一致时，以最后发出的书面文件为准。

2.2　资格预审文件的澄清

2.2.1　申请人应仔细阅读和检查资格预审文件的全部内容。如发现缺页或内容不全，

① 适用政府采购法系时，还应通过"中国政府采购网"（www.ccgp.gov.cn）对申请人是否存在严重违法失信行为信息记录进行查询。

应及时向招标人提出，以便补齐。如有疑问，应按申请人须知前附表规定的时间和形式将提出的问题送达招标人，要求招标人对资格预审文件予以澄清。

2.2.2　资格预审文件的澄清以申请人须知前附表规定的形式发给所有购买资格预审文件的申请人，但不指明澄清问题的来源。澄清发出的时间距本章第4.2.1项规定的提交资格预审申请文件截止时间不足3日，且澄清内容可能影响资格预审申请文件编制的，将相应延长提交资格预审申请文件的截止时间。

2.2.3　申请人在收到澄清后，应按申请人须知前附表规定的时间和形式通知招标人，确认已收到该澄清。

2.2.4　除非招标人认为确有必要答复，否则，招标人有权拒绝回复申请人在本章第2.2.1项规定的时间后提出的任何澄清要求。

2.3　资格预审文件的修改

2.3.1　招标人以申请人须知前附表规定的形式修改资格预审文件，并通知所有已购买资格预审文件的申请人。修改资格预审文件的时间距本章第4.2.1项规定的提交资格预审申请文件截止时间不足3日，且修改内容可能影响资格预审申请文件编制的，将相应延长提交资格预审申请文件的截止时间。

2.3.2　申请人收到修改内容后，应按申请人须知前附表规定的时间和形式通知招标人，确认已收到该修改。

2.4　资格预审文件的异议

申请人或其他利害关系人对资格预审文件有异议的，应在提交资格预审申请文件截止时间2日前以书面形式提出。招标人将在收到异议之日起3日内作出答复；作出答复前，将暂停招标投标活动。

3　资格预审申请文件

3.1　资格预审申请文件的组成

3.1.1　资格预审申请文件应包括下列内容：

（1）资格预审申请函；

（2）法定代表人身份证明及授权委托书；

（3）申请人基本情况表；

（4）联合体协议书；

（5）近年财务状况；

（6）依法纳税及缴纳社会保障资金情况；

（7）申请人具备履行合同所必须的专业技术能力承诺书及附件；

（8）资质证明[①]（复印件，原件带至资格预审现场备查）；

（9）近年经营活动中无重大违法记录承诺书；

（10）投融资能力证明；

（11）相关或类似业绩一览表；

（12）与申请人存在关联关系的单位情况说明；

（13）申请人须知前附表规定的其他需要提供的资料。

3.1.2　申请人须知前附表规定不接受联合体的或申请人没有组成联合体的，资格预审申请文件不包括本章第3.1.1（4）所指的联合体协议书。

3.2　资格预审申请文件的编制

3.2.1　资格预审申请文件应按第五章“资格预审申请文件格式”进行编写，并按各资格审查表格的具体要求提供相关证件及证明材料。如有必要，可以增加附页，并作为资格预审申请文件的组成部分。

3.2.2　资格预审申请文件由法定代表人签署的，资格预审申请文件须提供法定代表人身份证明。资格预审申请文件由委托代理人签署的，资格预审申请文件须提供法定代表人身份证明及法定代表人签署的授权委托书，并附法定代表人、委托代理人的身份证复印件。法定代表人身份证明及授权委托书应符合第五章“资格预审申请文件”格式的要求。

3.2.3　申请人须知前附表规定接受联合体资格预审申请的，资格预审申请文件应包括联合体各方相关情况，并由牵头人按本款规定签章。

3.2.4　申请人资质证书（或资格证明）处于年检、换证、升级、变更等期间，除非法律法规或发证机构有书面材料明确表明申请人资质（或资格）有效，否则一律不予认可。

3.3　资格预审申请文件的装订、签字

3.3.1　申请人应按本章第3.1款和第3.2款的要求，编制完整的资格预审申请文件，用不褪色的材料书写或打印。资格预审申请文件格式中明确要求申请人法定代表人或其委托代理人签字之处，必须由相关人员签字；明确要求申请人加盖单位章之处，必须加盖单位章。其中资格预审申请函及对资格预审申请文件的澄清和说明应加盖申请人单位章，或由申请人的法定代表人或其委托代理人签字。

资格预审申请文件中的任何改动之处应加盖申请人单位章，或由申请人的法定代表人或其委托代理人签字确认。

3.3.2　资格预审申请文件正本一份，副本份数见申请人须知前附表。正本和副本的封面右上角应清楚地标记“正本”或“副本”字样。申请人应根据申请人须知前附表要

① 第一章第5.5款选择B款适用。

求提供电子版文件。当副本和正本不一致或电子版文件和纸质正本文件不一致时，以纸质正本文件为准。

3.3.3　资格预审申请文件的正本与副本应分别装订成册（A4 纸幅），编制目录并逐页标注连续页码。资格预审申请文件不得采用活页夹装订，否则，招标人对由于资格预审申请文件装订松散而造成的丢失或其他后果不承担任何责任。装订的其他要求见申请人须知前附表。

4　资格预审申请

4.1　资格预审申请文件的密封和标识

4.1.1　资格预审申请文件的正本、副本和电子文本（如需要）密封要求见申请人须知前附表。

4.1.2　资格预审申请文件封套上应写明的内容见申请人须知前附表。

4.1.3　未按第 4.1.1 项要求密封的资格预审申请文件，招标人将拒收。

4.2　资格预审申请文件的递交

4.2.1　申请截止时间：见第一章“资格预审公告”第 8 条。

4.2.2　申请人递交资格预审申请文件的地点：见第一章“资格预审公告”第 8 条。

4.2.3　除申请人须知前附表另有规定外，申请人所递交的资格预审申请文件不予退还。

4.2.4　逾期送达或未送达指定地点的资格预审申请文件，招标人将予以拒收。

4.3　资格预审申请文件的修改

4.3.1　资格预审申请文件按要求送达后，在规定的递交截止时间前，申请人可以撤回申请文件或修改申请文件。如需修改申请文件，应当以正式函件提出并做出说明。

4.3.2　修改资格预审申请文件的正式函件是资格预审申请文件的组成部分，其形式要求、密封方式、送达时间，应符合资格预审文件的要求。

5　资格预审申请文件的审查

5.1　资格审查委员会

5.1.1　资格预审申请文件由招标人组建的资格审查委员会负责审查。

5.1.2　资格审查委员会的组成：见申请人须知前附表。

5.2　资格审查

资格审查委员会根据申请人须知前附表规定的方法和第三章“资格审查办法”中规定的审查标准，对所有已受理的资格预审申请文件进行审查。第三章“资格审查办法”没有规定的方法和标准不得作为审查依据。

6　通知和确认

6.1　通知[①]

招标人在申请人须知前附表规定的时间内，以书面形式将资格预审结果通知申请人，并向通过资格预审的申请人发出投标邀请书。

对于未通过资格预审的申请人，招标人应在资格预审结果通知书中告知其未通过的依据和原因。

6.2　资格预审结果的异议

申请人或利害关系人对资格预审审查结果有异议的，应在收到资格预审结果通知书后3日内提出。招标人将在收到异议之日起3日内作出答复；作出答复前，将暂停招标投标活动。

6.3　确认

通过资格预审的申请人收到投标邀请书后，应在申请人须知前附表规定的时间内以书面形式明确表示是否参加投标。在申请人须知前附表规定时间内未表示是否参加投标或明确表示不参加投标的，不得再参加投标。因此造成潜在申请人数量不足3个的，招标人重新招标。[②]

7　纪律与监督

7.1　严禁贿赂

严禁申请人向招标人、资格审查委员会成员和与审查活动有关的其他工作人员行贿。在资格预审期间，不得邀请招标人、资格审查委员会成员以及与审查活动有关的其他工作人员到申请人单位参观考察，或出席申请人主办、赞助的任何活动。

7.2　不得干扰资格审查工作

申请人不得以任何方式干扰、影响资格预审的审查工作，否则将导致其不能通过资格预审。

7.3　保密

招标人、资格审查委员会成员，以及与审查活动有关的其他工作人员应对资格预审申请文件的审查、比较进行保密，不得在资格预审结果公布前透露资格预审结果，

---

① 实践中，由于相关政策文件中未明确资格预审结果告知的方式，部分地方政府主管部门要求以网站公告的形式将所有通过资格预审的社会资本方名称予以公示，此举与现行法律法规中关于在投标文件递交截止时间前应对参与竞争的投标人的数量、名称等信息进行保密的规定相冲突，可能影响招标活动的公平和公正性。建议单独以书面形式分别向每个申请人告知其是否通过资格预审，如未能通过，应在通知中向其说明原因。

② 根据《中华人民共和国招标投标法实施条例释义》的解释，“重新招标”既可以是重新进行资格预审，也可以是直接发布招标公告（即采用资格后审方式）进行重新招标。

不得向他人透露可能影响公平竞争的有关情况。

7.4　投诉

7.4.1　申请人或者其他利害关系人认为招标投标活动不符合法律、行政法规规定的，可以自知道或者应当知道之日起10日内向有关行政监督部门投诉。投诉应当有明确的请求和必要的证明材料。

监督部门的联系方式见申请人须知前附表。

7.4.2　申请人或其他利害关系人对资格预审文件和资格预审审查结果提出投诉的，应先按照本章第2.4款和第6.2款的规定向招标人提出异议。异议答复期间不计算在本款第7.4.1项规定的时限内。

8　其他规定

8.1　保持联系方式有效

自购买资格预审文件之日起，申请人应保证其提供的联系方式（电话、传真、电子邮件）一直有效，以保证往来函件（资格预审文件的澄清、修改等）能及时通知申请人，并能及时反馈信息，否则招标人不承担由此引起的一切后果。

8.2　招标人的权力

招标人有对资格预审申请文件进行核实和要求申请人进行澄清的权力，若招标人在资格审查时或必要的调查过程中发现申请人有弄虚作假行为，将取消其投标资格。

需要补充的其他内容：见申请人须知前附表。

第三章　资格审查办法

（合格制）

资格审查办法前附表

条款号		审查因素	审查标准
2.1	初步审查标准	申请人名称	与营业执照一致
		申请函签字盖章	有法定代表人或其授权代理人签字并加盖单位章
		申请文件格式	符合第五章“资格预审申请文件格式”的要求
		联合体（如有）	提交联合体协议书，并明确联合体牵头人
		……	……
2.2	详细审查标准	法人资格	符合第一章“资格预审公告”第5条第5.1款第（1）项规定。 说明：需提供有效的营业执照（副本）或商业登记书复印件（加盖单位章）
		近年财务状况	符合第一章“资格预审公告”第5条第5.1款第（2）项规定。 说明：需提供具有法定资格的第三方审计机构出具的财务报告
		缴纳税收和社会保障资金的记录	符合第一章“资格预审公告”第5条第5.1款第（3）项规定。 说明：需提供参加本次招标活动前____个月内依法纳税和缴纳社保的凭据
		投融资能力	符合第一章“资格预审公告”第5.2款要求。 说明：申请人需提供有效的资金证明文件（如银行出具的存款证明文件、银行出具的处于有效期内的可用授信额度证明或处于有效期内的银行授信协议、贷款意向书等【招标人应视实际需要进行调整】）
		类似业绩	符合第一章“资格预审公告”第5.3款要求。 说明：申请人（或申请人成立的项目公司）需提供委托合同（含特许经营协议和/或PPP项目合同等，包括但不限于合同首页、关键内容页和签字盖章页）、运营证明（如环保、竣工验收证明；项目进入运行阶段的书面证明材料等）
		信誉信用	符合第一章“资格预审公告”第5.4款要求。 说明： （1）申请人需提供参加本次招标活动前3年内无重大违法记录承诺书； （2）申请人信用查询按第二章“申请人须知”第1.5款规定执行
		资质①	符合第一章“资格预审公告”第5.5款要求。 说明：资质证书复印件，原件带至资格预审现场备查
		联合体（如接受）	符合第一章“资格预审公告”第5.6款要求
		……	……

① 第一章第5.5款选择B款适用。

1　审查方法

本次资格预审采用合格制。资格审查委员会依据本资格预审文件规定的审查标准和程序对申请人进行资格审查，凡同时通过初步审查和详细审查的申请人将通过本次资格预审。

2　审查标准

2.1　初步审查因素和标准

初步审查因素和标准：见资格审查办法前附表。

2.2　详细审查因素和标准

详细审查因素和标准：见资格审查办法前附表。

3　审查程序

3.1　审查准备

（1）资格审查委员会成员签到及签署承诺书。资格审查委员会成员到达评标现场时应在签到表上签到以证明其出席。资格审查委员会签到表格式见本章附件1；

资格审查委员会成员在评标前，应当签署承诺书（格式见本章附件2）。

（2）推选资格审查委员会负责人。资格审查委员会首先推选一名资格审查委员会负责人，也可以由招标人直接指定。资格审查委员会负责人负责资格审查活动的组织领导工作，与资格审查委员会的其他成员具有同等的评标权力。

资格审查委员会负责人除履行自己作为评标委员会独立评标的职责外，主要负责以下工作：

①组织资格审查委员会成员学习资格预审文件；

②提醒招标人做好准备工作，包括提供所需的评标基础资料；

③汇总各资格审查委员会成员认为需要申请人澄清、说明或者补正的问题，组织资格审查委员会对申请人质询并对申请人的答复进行评审；

④对出现较大争议的事项进行书面记录；

⑤收回资格审查过程中使用的文件、表格和审查记录以及其他资料，并查验审查记录的完整性及有效性；

⑥组织对审查结论进行复核确认；

⑦组织编写评标报告。

（3）熟悉文件资料。资格审查委员会负责人应组织资格审查委员会全体成员认真研究资格预审文件，了解和熟悉招标目的、范围，掌握资格审查标准和方法，熟悉本章及附件中包括的审查所需的表格的使用，如果本章及附件表格不能满足审查所需时，资格审查委员会应补充编制所需的表格。

3.2　初步审查

（1）资格审查委员会依据本章第 2.1 款规定的标准，对资格预审申请文件进行初步审查。任何一项审查因素不符合审查标准的，不能通过初步审查；

（2）资格审查委员会可以要求申请人提交第二章“申请人须知”规定的有关证明，以便核验。

3.3　详细审查

（1）只有通过初步审查的申请人才可进入详细审查；

（2）资格审查委员会依据本章第 2.2 款规定的标准，对通过初步审查的资格预审申请文件进行详细审查。任何一项审查因素不符合审查标准的，不能通过详细审查；

（3）申请人有下列串通投标或弄虚作假或其他违法违规情形之一的，不能通过详细审查：

① 不同申请人的申请文件由同一单位或者个人编制的；

② 不同申请人委托同一单位或个人办理资格预审事宜的；

③ 不同申请人的申请文件载明的项目管理机构成员出现同一人的；

④ 不同申请人的申请文件相互混装的；

⑤ 按照法律、法规、规章和规范性文件规定应当列入的其他情形。

3.4　澄清、说明和补正

在详细审查过程中，资格审查委员会应当就资格预审申请文件中不明确的地方，以书面形式要求申请人进行必要的澄清、说明和补正。申请人应当根据问题澄清通知，以书面形式予以澄清、说明和补正，但不得改变资格预审申请文件的实质性内容。申请人的澄清和说明内容属于资格预审申请文件的组成部分。

资格审查委员会不接受申请人主动提出的澄清、说明和补正。不按资格审查委员会要求澄清、说明和补正的，不能通过详细审查。

4　审查结果

4.1　编制并提交资格审查报告

资格审查委员会及其成员按照本章第 2 条和第 3 条规定的标准和程序对资格预审申请文件完成审查后，确定并推荐通过资格预审的申请人名单，签署本章附件 5“资格预审评审结果汇总表”，并向招标人提交由全体资格审查委员会成员签字的书面审查报告。

4.2　重新进行资格预审

资格预审申请人数量少于 3 个或通过资格预审申请人的数量不足 3 个的，招标人将重新组织招标①。

① “重新招标”既可以是重新进行资格预审，也可以是直接发布招标公告（即采用资格后审方式）进行重新招标。

附件1：资格审查委员会签到表

资格审查委员会签到表

项目名称：________________　　　　审查时间：　　年　　月　　日

序号	姓名	职称	工作单位	身份证号码	电话
1					
2					
3					
4					
5					
6					
7					
…					

附件2：评审专家承诺书

评审专家承诺书

本人接受招标人邀请，担任＿＿＿＿＿（项目名称）资格预审评审专家。

本人声明：

在资格审查前未与招标人、招标代理机构以及发生可能影响审查结果的接触；在审查结果确认前，不向外透露申请文件审查、通过资格预审等任何相关情况；不收受超出合理报酬以外的任何现金、有价证券和礼物；不收受相关利害关系人的任何财物和好处；无国家及有关规定应当回避的情形。

在审查过程中，遵守有关法律、法规、规章和纪律；服从资格审查委员会的统一安排；独立、客观、公正地履行专家职责；接受有关行政监督部门依法实施的监督。

如违反上述承诺或不能履行专家职责，本人愿意承担一切由此带来的法律责任。

特此声明。

资格审查委员会全体成员（签字）：

日期：　　年　　月　　日

附件3：初步审查记录表

初步审查记录表

项目名称：________________

序号	审查因素	审查标准	申请人名称				
1	申请人名称	见本章资格审查办法前附表					
2	申请函签字盖章	见本章资格审查办法前附表					
3	申请文件格式	见本章资格审查办法前附表					
4	联合体（如有）	见本章资格审查办法前附表					
…	……	……					
审查结论（通过审查标注为“√”，未通过审查标注为“×”，审查结论为“合格”或“不合格”。）							

资格审查委员会全体成员（签字）：

年　　月　　日

附件4：详细审查记录表

详细审查记录表

项目名称：________________

序号	审查因素	审查标准	申请人名称				
1	法人资格	见本章资格审查办法前附表					
2	近年财务状况	见本章资格审查办法前附表					
3	缴纳税收和社会保障资金的记录	见本章资格审查办法前附表					
4	投融资能力	见本章资格审查办法前附表					
5	类似业绩	见本章资格审查办法前附表					
6	信誉信用	见本章资格审查办法前附表					
7	资质	见本章资格审查办法前附表					
8	联合体（如有）	见本章资格审查办法前附表					
…	……	……					
审查结论（通过审查标注为“√”，未通过审查标注为“×”，审查结论为“合格”或“不合格”。）							

资格审查委员会全体成员（签字）：

年　　月　　日

附件5：资格预审评审结果汇总表

资格预审评审结果汇总表

项目名称：________________

序号	申请人名称	初步评审	详细评审	审查结论
1				
2				
3				
4				
5				
6				
7				
8				
9				
10				
…				

注：初步评审、详细评审的结论为“合格”或“不合格”，最终审查结论为“通过”或“不通过”。

资格审查委员会全体成员（签字）：

年　　月　　日

附件6：不能通过资格审查情况说明

不能通过资格审查情况说明

项目名称：________________

序号	申请人名称	未通过原因说明
1		
2		
3		
4		
5		
6		
7		
8		
9		
10		
…		

资格审查委员会全体成员（签字）：

年　　月　　日

第三章　资格审查办法

（有限数量制）

资格审查办法前附表

条款号	审查因素	编 列 内 容
1	通过资格预审的人数	对符合初步审查合格条件的，按择优的原则，以详细审查的综合定量评分排序，确定前____名的申请人通过资格预审。 综合评分相等时，资格审查委员会应按照以下优先顺序确定通过资格预审的申请人： （1）…… （2）……

条款号		审查因素	审查标准
2.1	初步审查标准	申请人名称	与营业执照一致
		申请函签字盖章	有法定代表人或其授权代理人签字并加盖单位章
		申请文件格式	符合第五章“资格预审申请文件格式”的要求
		联合体（如有）	提交联合体协议书，并明确联合体牵头人
		……	……
2.2	详细审查标准	法人资格	符合第一章“资格预审公告”第5条第5.1款第（1）项规定。 说明：需提供有效的营业执照（副本）或商业登记书复印件（加盖单位章）
		近年财务状况	符合第一章“资格预审公告”第5条第5.1款第（2）项规定。 说明：需提供具有法定资格的第三方审计机构出具的财务报告
		缴纳税收和社会保障资金的记录	符合第一章“资格预审公告”第5条第5.1款第（3）项规定。 说明：需提供参加本次招标活动前____个月内依法纳税和缴纳社保的凭据
		投融资能力	符合第一章“资格预审公告”第5.2款要求。 说明：申请人需提供有效的资金证明文件（如银行出具的存款证明文件、银行出具的处于有效期内的可用授信额度证明或处于有效期内的银行授信协议、贷款意向书等【招标人应视实际需要进行调整】）

续表

条款号		审查因素	审 查 标 准
2.2	详细审查标准	类似业绩	符合第一章“资格预审公告”第5.3款要求。 说明： （1）申请人（或申请人成立的项目公司）需提供委托合同（含特许经营协议和/或PPP项目合同等，包括但不限于合同首页、关键内容页和签字盖章页）、运营证明（如环保、竣工验收证明；项目进入运行阶段的书面证明材料等）。 （2）申请人在提供的项目业绩中的持股比例须大于______%（不含）
		信誉信用	符合第一章“资格预审公告”第5.4款要求。 说明： （1）申请人需提供参加本次招标活动前3年内无重大违法记录承诺书。 （2）申请人信用查询按第二章“申请人须知”第1.5款规定执行
		资质①	符合第一章“资格预审公告”第5.5款要求。 说明：资质证书复印件，原件带至资格预审现场备查
		联合体（如接受）	符合第一章“资格预审公告”第5.6款要求
		……	……
2.3	评分办法	评分因素	评分标准
		投资能力	申请人银行存款证明额度不低于____亿元，得基础分____分，每增加____万元的加____分，本项最多得____分
		融资能力	申请人获得____亿元（含）以上融资额度的得2分，____亿元以下至____亿元（不含____亿元）之间的得1分，____亿元以下不得分，以单个项目计分，不重复累积

① 第一章第5.5款选择B款适用。

续表

<table>
<tr><td>条款号</td><td></td><td>审查因素</td><td>审 查 标 准</td></tr>
<tr><td rowspan="4">2. 3</td><td rowspan="4">评分办法</td><td>评分因素</td><td>评分标准</td></tr>
<tr><td>净资产</td><td>提供____年度经会计师事务所审计的财务报表，企业净资产平均值为____亿元以上的，得基础分____分，每增加____亿元的加____分，本项最多得____分</td></tr>
<tr><td>业绩</td><td>根据申请人（或是申请人成立的项目公司）在中国大陆地区承担“投资、建设、运营”内容的污水处理项目业绩，按照以下标准给分：
（1）签约业绩：污水总处理能力为______万立方米/日（含）以上的业绩，每个得______分，最高得______分；
（2）投运业绩：在上述（1）中提供业绩中，自______年起截止到本项目开标日，通过环保验收后进入运营期满______年的，每个得______分，最高得______分。业绩认定标准：环保、竣工验收证明，项目进入运行阶段的书面证明材料等</td></tr>
<tr><td>……</td><td>……</td></tr>
</table>

注：需提供业绩证明材料（特需经营协议或PPP项目合同等）：①合同或协议仅提供首页、关键内容页（满足评审要求）及签字页即可。②申请人（或申请人成立的项目公司）在中国大陆地区的项目业绩其承担内容必须完整地包含“投资、建设、运营”，三项内容不可分拆，不含仅参与工程总承包或分包工程项目业绩，以合同或协议或项目核准报告为准。③投资人需在提供的项目业绩中的持股比例大于______（不含）。

1　审查方法

本次资格预审采用有限数量制。资格审查委员会根据本章第2条和第3条规定的审查标准和程序对申请人进行资格审查，并按资格审查办法前附表的规定确定通过资格预审的申请人。通过资格预审的申请人不超过资格审查办法前附表规定的数量。

2　审查标准

2.1　初步审查因素和标准

初步审查因素和标准：见资格审查办法前附表。

2.2　详细审查因素和标准

详细审查因素和标准：见资格审查办法前附表。

2.3　评分因素和标准

评分因素和标准：见资格审查办法前附表。

3　审查程序

3.1　审查准备

（1）资格审查委员会成员签到及签署承诺书。资格审查委员会成员到达评标现场时应在签到表上签到以证明其出席。资格审查委员会签到表格式见本章附件1。

资格审查委员会成员在评标前，应当签署承诺书（格式见本章附件2）。

（2）推选资格审查委员会负责人。资格审查委员会首先推选一名资格审查委员会负责人，也可以由招标人直接指定。资格审查委员会负责人负责资格审查活动的组织领导工作，与资格审查委员会的其他成员具有同等的评标权力。

资格审查委员会负责人除履行自己作为评标委员会独立评标的职责外，主要负责以下工作：

①组织资格审查委员会成员学习资格预审文件；

②提醒招标人做好准备工作，包括提供所需的评标基础资料；

③汇总各资格审查委员会成员认为需要申请人澄清、说明或者补正的问题，组织资格审查委员会对申请人质询并对申请人的答复进行评审；

④对出现较大争议的事项进行书面记录；

⑤收回资格审查过程中使用的文件、表格和审查记录以及其他资料，并查验审查记录的完整性及有效性；

⑥组织对审查结论进行复核确认；

⑦组织编写评标报告。

（3）熟悉文件资料。资格审查委员会负责人应组织资格审查委员会全体成员认真研究资格预审文件，了解和熟悉招标目的、范围，掌握资格审查标准和方法，熟悉本章及附件中包括的审查所需的表格的使用，如果本章及附件所附的表格不能满足审查所需时，资格审查委员会应补充编制所需的表格。

3.2　初步审查

（1）资格审查委员会依据本章第2.1款规定的标准，对资格预审申请文件进行初步审查。任何一项审查因素不符合审查标准的，不能通过初步审查；

（2）资格审查委员会可以要求申请人提交第二章“申请人须知”规定的有关证明，以便核验。

3.3　详细审查

（1）只有通过初步审查的申请人才可进入详细审查；

（2）资格审查委员会依据本章第2.2款规定的标准，对通过初步审查的资格预审申请文件进行详细审查。任何一项审查因素不符合审查标准的，不能通过详细审查；

（3）申请人有下列串通投标或弄虚作假或其他违法违规情形之一的，不能通过详细审查：

① 不同申请人的申请文件由同一单位或者个人编制的；

② 不同申请人委托同一单位或个人办理资格预审事宜的；

③ 不同申请人的申请文件载明的项目管理机构成员出现同一人的；

④ 不同申请人的申请文件相互混装的；

⑤ 按照法律、法规、规章和规范性文件规定应当列入的其他情形。

3.4 澄清、说明和补正

在详细审查过程中，资格审查委员会应当就资格预审申请文件中不明确的地方，以书面形式要求申请人进行必要的澄清、说明和补正。申请人应当根据问题澄清通知，以书面形式予以澄清、说明和补正，但不得改变资格预审申请文件的实质性内容。申请人的澄清和说明内容属于资格预审申请文件的组成部分。

资格审查委员会不接受申请人主动提出的澄清、说明和补正。不按资格审查委员会要求澄清、说明和补正的，不能通过详细审查。

3.5 评分

（1）通过详细审查的申请人不少于 3 个且没有超过本章第 1 条规定数量的，均通过资格预审，不再进行评分；

（2）通过详细审查的申请人数量超过本章第 1 条规定数量的，资格审查委员会依据本章第 2.3 款评分标准进行评分，按本章第 1.2 款的规定确定通过资格预审的申请人。

4 审查结果

4.1 编制并提交资格审查报告

资格审查委员会及其成员按照本章第 2 条和第 3 条规定的标准和程序对资格预审申请文件完成审查后，确定并推荐通过资格预审的申请人名单，签署本章附件 5 “资格预审评审结果汇总表”，并向招标人提交由全体资格审查委员会成员签字的书面审查报告。

4.2 重新进行资格预审

资格预审申请人数量少于 3 个或通过资格预审申请人的数量不足 3 个的，招标人将重新组织招标①。

① “重新招标”既可以是重新进行资格预审，也可以是直接发布招标公告（即采用资格后审方式）进行重新招标。

附件1：资格审查委员会签到表

资格审查委员会签到表

项目名称：________________　　　　　　　　　　　　　　　　审查时间：　　年　　月　　日

序号	姓名	职称	工作单位	身份证号码	电话
1					
2					
3					
4					
5					
6					
7					
…					

附件2：承诺书

承　诺　书

本人接受招标人邀请，担任__________（项目名称）资格预审评审专家。

本人声明：

在资格审查前未与招标人、招标代理机构以及发生可能影响审查结果的接触；在审查结果确认前，不向外透露申请文件审查、通过资格预审等任何相关情况；不收受超出合理报酬以外的任何现金、有价证券和礼物；不收受相关利害关系人的任何财物和好处；无国家及有关规定应当回避的情形。

在审查过程中，遵守有关法律、法规、规章和纪律；服从资格审查委员会的统一安排；独立、客观、公正地履行专家职责；接受有关行政监督部门依法实施的监督。

如违反上述承诺或不能履行专家职责，本人愿意承担一切由此带来的法律责任。

特此声明。

资格审查委员会全体成员（签字）：

日期：　　年　　月　　日

附件 3：初步审查记录表

初步审查记录表

项目名称：________________

序号	审查因素	审查标准	申请人名称				
1	申请人名称	见本章资格审查办法前附表					
2	申请函签字盖章	见本章资格审查办法前附表					
3	申请文件格式	见本章资格审查办法前附表					
4	联合体（如有）	见本章资格审查办法前附表					
…	……	……					
审查结论（通过审查标注为“√”，未通过审查标注为“×”，审查结论为“合格”或“不合格”。）							

资格审查委员会全体成员（签字）：

年　　月　　日

附件4：详细审查记录表

详细审查记录表

项目名称：________________

序号	审查因素	审查标准	申请人名称				
1	法人资格	见本章资格审查办法前附表					
2	近年财务状况	见本章资格审查办法前附表					
3	缴纳税收和社会保障资金的记录	见本章资格审查办法前附表					
4	投融资能力	见本章资格审查办法前附表					
5	类似业绩	见本章资格审查办法前附表					
6	信誉信用	见本章资格审查办法前附表					
7	资质	见本章资格审查办法前附表					
8	联合体（如接受）	见本章资格审查办法前附表					
…	……	……					
审查结论（通过审查标注为“√”，未通过审查标注为“×”，审查结论为“合格”或“不合格”。）							

资格审查委员会全体成员（签字）：

年　月　日

附件 5：评分记录表

评分记录表

项目名称：________________

序号	审查因素	审查标准	申请人名称				
1	投资能力	见本章审查办法前附表					
2	融资能力	见本章审查办法前附表					
3	净资产	见本章审查办法前附表					
4	业绩	见本章审查办法前附表					
5	……	……					
…	……	……					
审查结论（审查结论为“分数”）							

注：1. 表中评分办法仅供参考，招标人需根据项目实际进行调整。

2. 如此处设置为资格条件的，招标文件中不再重复设置。

资格审查委员会全体成员（签字）：

年　　月　　日

附件6：资格预审评审结果汇总表

资格预审评审结果汇总表

项目名称：________________　　　　审查时间：　　年　　月　　日

序号	申请人名称	初步评审	详细评审	评审得分	审查结论
1					
2					
3					
4					
5					
6					
7					
8					
9					
10					
…					

注：初步评审、详细评审的结论为“合格”或“不合格”，评分的结论为具体分数，最终审查结论为“通过”或“不通过”。

资格审查委员会全体成员（签字）：

年　　月　　日

附件7：不能通过资格审查情况说明

不能通过资格审查情况说明

项目名称：________________

序号	申请人名称	未通过原因说明
1		
2		
3		
4		
5		
6		
7		
8		
9		
10		
…		

资格审查委员会全体成员（签字）：

年　　月　　日

第四章　项目概况及边界条件

1　项目概况

招标人应尽可能全面、清晰、准确地向申请人披露有关招标项目的基本情况，包括但不限于项目建设选址、项目目标、建设内容与规模、处理工艺、关键设备、污染物排放标准、进出水水质、投资规模，以及建设条件和实际进展情况等【项目基本情况应与经批准的可行性研究报告或核准文件或备案信息以及实施方案内容保持一致】。

2　主要边界条件

【边界条件是指招标人根据实际情况，对潜在投标人参与本次招标活动时必须响应且在合同确认谈判时不得涉及的实质性要求。合理充分地披露这些内容，有助于申请人事先获取充分的信息以评估其在参与本次招标活动中的利害。通常包括（但不限于）以下内容招标人应根据批准的实施方案和具体合同安排，视实际需要而定】。

2.1　合作范围。主要包括政府方授予项目公司承担本项目设计、投融资、建设、运营维护和移交权利的范围、限制项目公司从事未经政府方批准或同意的其他业务的权利，以及其他授权范围等。分期建设的，应明确界定具体合作范围、达标投产时间，以及在运营期内对项目进行扩建时的程序和条件等。

2.2　项目投融资结构。应明确项目资本金及其出资的具体要求，完成融资交割的进度或具体时间，对融资成本的可能要求，以及相关各方在投资和融资过程中各自承担的义务和责任等。

2.3　项目公司的组建。应明确项目公司设立的形式、设立时间等具体要求；明确政府方和项目公司在项目公司中的出资比例、方式，利益分配和风险分担，以及股权转让及担保的限制等关键要求。

2.4　项目用地。包括项目用地的取得方式、使用期限、土地取得费用及处理方式，以及双方在土地使用权获得和使用过程中的责任和权利。

2.5　资产权属安排。明确合作期内通过投资建造、购置形成的项目土地附着物、建（构）筑物、污水处理设施及设备等固定资产的所有权归属安排；明确项目公司对上述不动产享有的权利和使用限制要求。

2.6　回报机制及价格。明确项目涉及的污水处理服务费、政府付费和其他经营收入（如有）等具体收入范围，并对污水处理价格的形成与调整、基本水量等内容进行说明。

2.7　建设和运营维护标准。简述项目当前的实际进展情况，并明确双方在完成相关剩余前期工作过程中的责任和权利；明确项目建设应达到的质量标准、投资控制目标和进度目标；明确项目公司运营污水处理设施应达到的出水水质、处理能力，以及噪声、臭气污染和垃圾处置等所适用的环境标准等【视实际情况，招标人如有高于现行国家标准的要求时，应提出具体执行的相关技术标准和要求】。

2.8 期满处置。根据项目具体运作方式安排，明确合作期满的处置方式，包括移交范围、移交方式、移交标准，以及相关权益和风险的转移等。

2.9 政府方提供的其他合作条件。除在上述内容中已明确的事项外，还应明确政府方可以为本项目实施提供的其他条件，包括：项目用地的协调、基本水量的设置、补助资金支持，项目红线外水、电等配套连接工程，以及为项目实施创造良好的外部环境和关系等。

2.10 社会资本方需提供的其他合作条件。除了在上述内容中已明确社会资本方需要提供资金支持、协助项目公司完成融资、确保项目公司维持完成相应工作所需的资信等条件外，根据实际情况招标人需要社会资本方协议履行过程中提供其他合作条件的，也应明确提出，如组织和投入项目实施所需要的各类资源，督促项目公司按合同约定履行应由其承担的义务，并为此向政府方承担连带责任等。

……

3 其他要求

招标人根据实际情况设置的其他要求。

第五章　资格预审申请文件格式

______（PPP 项目名称）选择社会资本方

资格预审申请文件

申请人：______________（盖单位章）

法定代表人或其委托代理人：__________（签字）

________年________月________日

目　　录

一、 资格预审申请函

______________（招标人名称）：

1. 按照资格预审文件的要求，我方（申请人）递交的资格预审申请文件及有关资料，用于你方（招标人）审查我方参加__________（PPP 项目名称）选择社会资本方招标的投标资格。

2. 我方的资格预审申请文件包含第二章“申请人须知”第 3. 1 款规定的全部内容。

3. 你方授权代表可通过__________（联系人及联系方式）得到进一步的资料。

4. 我方在此声明，所递交的资格预审申请文件及有关资料内容完整、真实和准确，且不存在第二章“申请人须知”第 1. 4. 3 项规定的任何一种情形。

5. 我方在此承诺，我们充分理解并确认接受下列条件：

（1）我方接受你方的授权代表进行调查，对资格预审申请文件中提交的各项资料、信息进行复核，并通过我方的客户，澄清资格预审申请文件中有关财务和技术方面的情况。

（2）本资格预审申请文件自递交截止日起在______日内保持有效，对我方具有约束力。在有效期内，我方资格预审申请文件可随时被接受。如果我方通过资格预审，本文件将作为我方投标文件的附件。

下述签字人声明本资格预审申请文件中所作的说明及提供的资料都是完整、真实和准确的。

申 请 人：______________________（盖单位章）

法定代表人或其委托代理人：______________（签字）

电 话：______________________

传 真：______________________

申请人地址：______________________

邮 政 编 码：______________________

______年______月______日

注：以联合体形式申请资格预审的，由联合体牵头人签字、盖章。

二、 法定代表人身份证明及授权委托书

（一）法定代表人身份证明

申请人名称：____________

姓名：____________　　性别：____________

年龄：____________　　职务：____________系________（申请人名称）的法定代表人。

特此证明。

附：法定代表人身份证复印件。

申请人：__________（盖单位章）

______年______月______日

法定代表人身份证复印件（正、反面） 粘贴处

（二）授权委托书[①]

本人________（姓名）系________（申请人名称）的法定代表人，现委托________（姓名）身份证号：________为我方代理人。代理人根据授权，以我方名义签署、澄清确认、递交、撤回、修改________（PPP项目名称）选择社会资本方招标资格预审申请文件，其法律后果由我方承担。

委托期限：自本委托书签署之日起______个月内[②]。

代理人无转委托权。

附：法定代表人身份证明及代理人身份证复印件。

申　请　人：________________（盖单位章）

法定代表人：________________（签字）

身份证号码：________________

代　理　人：________________（签字）

身份证号码：________________

______年______月______日

代理人身份证复印件（正、反面） 粘贴处

注：1. 资格预审时现场核验代理人身份证。

2. 以联合体形式申请资格预审的，本授权委托书应由联合体牵头人的法定代表人按上述规定签署。

---

① 如果由申请人的法定代表人签署资格预审申请文件，则无需提交授权委托书。

② 具体委托期限宜由招标人在资格预审文件中做出统一规定。

三、 申请人基本情况表

<table>
<tr><td>申请人名称</td><td colspan="8"></td></tr>
<tr><td>注册地址</td><td colspan="4"></td><td>邮政编码</td><td colspan="3"></td></tr>
<tr><td rowspan="2">联系方式</td><td>联系人</td><td colspan="3"></td><td>电话</td><td colspan="3"></td></tr>
<tr><td>传真</td><td colspan="3"></td><td>网址</td><td colspan="3"></td></tr>
<tr><td>法定代表人</td><td>姓名</td><td></td><td colspan="2">技术职称</td><td colspan="2"></td><td>电话</td><td></td></tr>
<tr><td>技术负责人</td><td>姓名</td><td></td><td colspan="2">技术职称</td><td colspan="2"></td><td>电话</td><td></td></tr>
<tr><td>成立时间</td><td colspan="2"></td><td colspan="6">员工总人数：</td></tr>
<tr><td>企业资质等级</td><td></td><td rowspan="5"></td><td rowspan="5">其中</td><td colspan="3">项目经理</td><td colspan="2"></td></tr>
<tr><td>营业执照号</td><td></td><td colspan="3">高级职称人员</td><td colspan="2"></td></tr>
<tr><td>注册资金</td><td></td><td colspan="3">中级职称人员</td><td colspan="2"></td></tr>
<tr><td>基本账户开户银行</td><td></td><td colspan="3">初级职称人员</td><td colspan="2"></td></tr>
<tr><td>基本账户账号</td><td></td><td colspan="3">技工</td><td colspan="2"></td></tr>
<tr><td>经营范围</td><td colspan="8"></td></tr>
<tr><td>备注</td><td colspan="8"></td></tr>
</table>

注：1. 在本表后应附营业执照副本、资质证书副本（如有）。

2. 以联合体形式申请资格预审的，联合体成员应分别填写并提供证明材料。

四、联合体协议书（如有）

__________（所有成员单位名称）自愿组成联合体，共同参加__________（PPP 项目名称）选择社会资本方投标。现就联合体投标事宜订立如下协议。

1. __________（某成员单位名称）为联合体牵头人。

2. 联合体成员授权牵头人代表联合体参加投标活动，签署文件，提交和接收相关的资料、信息及指示，进行合同谈判活动，负责合同实施阶段的组织和协调工作，以及处理与本招标项目有关的一切事宜。

3. 联合体牵头人在本项目中签署的一切文件和处理的一切事宜，联合体成员均予以承认。联合体各成员将严格按照招标文件、投标文件和合同的要求全面履行义务，并向招标人承担连带责任。

4. 如中标，联合体各方应当共同与招标人签订项目投资协议，联合体各方共同组建的项目公司注册成立后应与招标人签订 PPP 项目合同，对本项目的筹划、资金筹措、建设实施、运营管理、债务偿还和资产管理等全过程负责，自主经营、自负盈亏，并在 PPP 项目合同规定的项目合作期满后，按照 PPP 项目合同的约定将项目设施及相关权利等无偿移交给政府或其指定的其他机构。

5. 联合体各成员单位内部的出资及收益分配约定如下：____________________。

a. __________（牵头人名称）在项目公司所占的出资（或股份）比例为____%，__________（成员一名称）在项目公司所占的出资（或股份）比例为____%……

b. 项目资本金的分期到位时间：______________________________。

c. 有关收益分配的约定：__________________________________。

6. 联合体各成员单位内部的职责分工如下：________________________。

7. 本协议书自所有成员单位法定代表人签字并加盖单位章之日起生效，合同履行完毕后自动失效。

8. 本协议书一式______份，联合体成员和招标人各执一份。

注：本协议书由法定代表人签字的，应附法定代表人身份证明；由委托代理人签字的，应附授权委托书。

（以下无正文）

联合体牵头人名称：____________________________（盖单位章）
法定代表人或其委托代理人：____________________________（签字）

成员一名称：____________________________（盖单位章）
法定代表人或其委托代理人：____________________________（签字）

成员二名称：____________________________（盖单位章）
法定代表人或其委托代理人：____________________________（签字）
……

______年______月______日

五、 近年财务状况

需提供符合申请人须知中规定期限的、经过会计师事务所或者审计机构审计的财务会计报告或报表，包括资产负债表、现金流量表、利润表和财务情况说明书的复印件（加盖单位章）。

注：1. 外币报表以财务报表报告日当日中国人民银行公布的外汇与人民币兑换牌价的中间价予以折算。

2. 以联合体形式申请资格预审的，联合体成员应分别填写并提供符合要求的证明材料。

六、 依法纳税及缴纳社会保障资金情况

参加本次投标活动前____个月内依法纳税和缴纳社会保障资金的凭据。

注：以联合体形式申请资格预审的，联合体成员应分别填写并提供证明材料。

七、 近三年经营活动中无重大违法记录承诺书

格式及内容自拟。

注：以联合体形式申请资格预审的，联合体成员应分别提供本承诺书。

八、 投融资能力证明

申请人应在此提供能够证明具有符合资格预审文件要求的投融资能力的相关证明材料（如银行出具的存款证明文件、银行等金融机构出具的处于有效期内的可用授信额度证明或处于有效期内的授信协议或贷款意向等【招标人应视实际情况需要进行调整】)。

注：以联合体形式申请资格预审的，融资能力证明可以由联合体任何一方提供。

九、 资质证明[①] （或有）

需提供加盖申请人公章的资质证书复印件，若申请人为联合体，则加盖牵头人公章。原件带至资格预审现场备查。

① 第一章第 5.5 款选择 B 款适用。

十、 近年相关或类似业绩一览表

序号	项目名称	签约时间	项目情况描述（投资、建设或运营）	运营起止时间	日处理规模	合同履约情况	业主单位和电话

注：1. 本表后应附委托合同（含特许经营协议/PPP 项目合同等，包括但不限于合同首页、关键内容页和签字盖章页）、运营证明（环保、竣工验收证明；项目进入运行阶段的书面证明材料等）。

2. 联合体投标的，联合体任何一方的业绩均可。

十一、 与申请人存在关联关系的单位情况说明

<table>
<tr><td colspan="4">1. 管理人员名单</td></tr>
<tr><td>董事长</td><td colspan="3"></td></tr>
<tr><td>总经理（或总裁）</td><td colspan="3"></td></tr>
<tr><td>分管副总经理</td><td colspan="3"></td></tr>
<tr><td colspan="4">2. 公司股东名单（持有股份 10% 以上或实际拥有重大影响的股东）</td></tr>
<tr><td colspan="3">股东名称</td><td>持股比例</td></tr>
<tr><td colspan="3"></td><td></td></tr>
<tr><td colspan="3"></td><td></td></tr>
<tr><td colspan="3"></td><td></td></tr>
<tr><td colspan="3"></td><td></td></tr>
<tr><td colspan="4">3. 直属子公司和分公司名单</td></tr>
<tr><td>名称</td><td>地址</td><td>负责人</td><td>电话</td></tr>
<tr><td></td><td></td><td></td><td></td></tr>
<tr><td></td><td></td><td></td><td></td></tr>
<tr><td></td><td></td><td></td><td></td></tr>
</table>

注：1. 本表后应附公司股权结构的相关文字说明。

2. 以联合体形式申请资格预审的，联合体成员应分别提供本说明。

十二、 其他需要提供的资料

申请人认为有必要提供的其他资料。

第六章　附　　件

附件1：项目可行性研究报告批复文件；

附件2：项目实施方案批准文件；

附件3：实施机构授权文件；

附件4：……